I0090074

UNE PROMENADE VERS LE PARADIS - BURUNDI

SAHUTUGA

UNE PROMENADE VERS LE PARADIS - BURUNDI SAHUTUGA

AUDACE MPOZIRINIGA

Audace Mpoziriniga

CONTENTS

REMERCIEMENTS

J'exprime ma plus profonde gratitude à ceux qui se sont tenus à mes côtés tout au long de cet incroyable voyage de vision et de création de la nation transformée, le Burundi SAHUTUGA. Votre soutien, vos encouragements et votre dévouement indéfectibles ont permis l'élaboration de cette vision ambitieuse.

À mon épouse bien-aimée, votre amour inébranlable et vos encouragements ont été mon point d'ancrage tout au long des défis et des triomphes de cette entreprise. Vos sacrifices et votre soutien indéfectible m'ont permis de me consacrer à cette mission.

Mes précieux enfants, merci pour votre compréhension et votre patience pendant d'innombrables heures de travail. Votre enthousiasme juvénile, votre curiosité et votre foi inébranlable en un avenir meilleur ont alimenté ma détermination à créer le Burundi SAHUTUGA transformé.

À tous mes partenaires, votre collaboration, votre expertise et votre vision commune ont joué un rôle déterminant dans l'élaboration du programme de transformation aux multiples facettes. Nous avons affronté des défis de front ensemble, mais nous célébrerons d'innombrables étapes importantes. Nos efforts collectifs nous ont rapprochés de la réalisation du rêve d'une nation prospère et harmonieuse.

À mes collègues architectes, Vous avez été les piliers de l'innovation, de la créativité et de la résilience dans ce voyage transformateur. Vos idées, vos connaissances et votre engagement envers l'excellence ont élevé notre vision commune vers de nouveaux sommets. Chacun d'entre vous a joué un rôle essentiel dans l'élaboration du projet du Burundi SAHUTUGA.

J'adresse également mes remerciements d'avance aux innombrables citoyens du Burundi SAHUTUGA, qui vont adopter cette vision avec un cœur et un esprit ouvert. Votre confiance et votre croyance inébranlable dans le potentiel de notre nation sont une grande source de motivation.

Aux héros et héroïnes qui ont combattu ou sont morts pour l'unité, la démocratie et l'intégrité nationale, nous nous souviendrons toujours de vous pour vos sacrifices. Nous honorons votre héritage en poursuivant le travail que vous avez commencé.

À la communauté internationale, votre soutien et votre coopération jouent toujours un rôle déterminant dans notre quête de la paix, de la prospérité et de la collaboration mondiale. Ensemble, nous nous efforçons de construire un monde meilleur.

Enfin, j'offre ma plus profonde gratitude au Créateur de l'univers, qui nous a donné la sagesse et la force de nous lancer dans ce voyage transformateur. Puissent nos efforts refléter la bonté et le potentiel que vous nous avez inculqués.

Alors que nous avançons sur cette voie de transformation, continuons à travailler main dans la main, en nourrissant notre rêve commun d'un Burundi SAHUTUGA pacifique, prospère et uni. Ensemble, nous bâtirons un héritage que les générations futures chériront.

Avec humilité et profonde gratitude,
A M

PREFACE

Au cœur de l'Afrique, une nation traverse un terrain tumultueux, naviguant dans les eaux turbulentes de la division et des conflits. Cette nation est le Burundi. Alors que nous nous embarquons dans ce voyage littéraire « Une promenade vers le Paradis - Burundi SAHUTUGA », nous devons réfléchir aux raisons qui nous ont poussé à écrire ces mots.

Depuis trop longtemps, notre bien-aimé le Burundi est aux prises avec un passé douloureux, une histoire marquée par la division, les conflits ethniques et les massacres. Les cicatrices des guerres civiles et des troubles politiques étaient profondes, menaçant d'éclipser la beauté inhérente de notre terre et la résilience de notre peuple. Le besoin de changement n'est pas simplement un désir mais un impératif.

Ce livre est né de la nécessité, de la conviction profonde que les mots peuvent guérir, unir et transformer. Notre conviction solennelle est que l'histoire du Burundi, ses luttes, ses aspirations et son esprit inébranlable méritent d'être gravés dans les pages de l'histoire.

La nécessité d'écrire ce livre émerge d'un passé troublé, où les divisions et les conflits ont jeté à plusieurs reprises des ombres longues et sombres sur la nation, et nos bien-aimés étant tués sans intervention. Le Burundi a connu des périodes de guerre civile, une histoire marquée par la discorde et un héritage de division qui menace de définir son destin. Ces pages historiques nous donnent l'élan nécessaire pour partager une vision d'une nation unie, harmonieuse et prospère.

Dans notre quête pour réimaginer l'avenir du Burundi, nous avons réalisé que le pouvoir de transformation ne réside pas seulement entre les mains de quelques-uns mais dans la conscience collective de ses citoyens. Ce livre est une invitation, un appel à l'action et un témoignage de l'espoir inébranlable qui imprègne notre nation bien-aimée. C'est une mosaïque de voix, d'expériences et de rêves tissés ensemble pour créer une tapisserie d'unité et de paix.

En tant qu'architectes de notre destin, nous avons reconnu qu'un nouveau récit était nécessaire, un nouveau récit qui transcende les divisions et embrasse une identité partagée. Nous espérons fournir un phare de lumière qui nous guidera loin des ombres du passé et vers la promesse d'un avenir meilleur.

Ce livre est dédié aux citoyens burundais, à ceux qui ont enduré, à ceux qui ont aspiré et à ceux qui croient au pouvoir transformateur de l'unité et de la réconciliation. C'est un témoignage de la force d'une nation qui refuse de se laisser définir par son histoire mais choisit plutôt de s'inspirer de son potentiel.

Alors que nous entreprenons cette « Marche vers le paradis », nous vous invitons, cher lecteur, à nous rejoindre dans ce voyage de découverte, de guérison et de renouveau.

Que ces mots soient le catalyseur d'un nouvel épisode de l'histoire du Burundi – un chapitre qui est défini non pas par son passé mais par les possibilités illimitées de son avenir.

Avec l'espoir dans nos cœurs et l'unité comme étoile directrice, nous avançons dans les pages de "Une promenade vers le paradis, Burundi SAHUTUGA".

INTRODUCTION

Une Nouvelle Aube pour le Burundi SAHUTUGA : Du Conflit au Paradis

Bienvenue dans l'histoire du Burundi SAHUTUGA – un voyage qui résume la résilience de son peuple, la promesse de sa terre et la détermination collective à forger un avenir meilleur.

Au cœur de l'Afrique, une nation renaîtra des cendres du conflit et de la pauvreté pour entrer dans une nouvelle ère de transformation. Dans ce livre, nous explorons l'évolution du Burundi SAHUTUGA, d'une terre marquée par les guerres civiles et les défis économiques à un paradis paisible et prospère que nous appelons fièrement le « Paradis de l'Afrique ».

Une histoire de résilience :

Le triomphe de l'esprit humain sur l'adversité a marqué l'histoire de notre pays. C'est une nation qui a résisté aux tempêtes des conflits civils, surmonté les barrières de la pauvreté et renaît de ses cendres avec plus de vigueur et de détermination. Les cicatrices du passé sont devenues les tremplins vers un avenir meilleur, témoignage de la volonté indomptable de ses citoyens.

Les graines de la transformation :

En tant qu'architectes du destin de notre nation, nous reconnaissons la nécessité d'une transformation profonde. Nous comprenons que le potentiel de notre pays est plus important que les défis qui nous ont freinés. Nous plantons les graines du changement avec un engagement inébranlable, en les nourrissant avec unité, innovation et détermination inébranlable. Grâce à la collaboration, aux sacrifices et au travail acharné, nous verrons ces graines fleurir en un paradis qui constitue une lueur d'espoir pour l'Afrique et le monde.

Une vision de paix :

Les cicatrices des guerres civiles répétées ont cédé la place à une vision de paix durable. Le Burundi SAHUTUGA deviendra une nation où les rythmes harmonieux du progrès remplaceront les échos du conflit. En construisant des institutions solides, en promouvant le dialogue et en acceptant la diversité, nous aurons tissé le tissu de paix qui nous unit tous. Notre engagement en faveur de la paix est inébranlable, alimenté par la compréhension collective selon laquelle elle constitue le fondement sur lequel la prospérité grandira.

La prospérité prend racine :

Des champs fertiles de nos terres transformées aux industries florissantes qui bordent nos villes, la prospérité s'enracinera dans tous les coins du Burundi SAHUTUGA. Grâce à des pratiques agricoles innovantes, des technologies de pointe et des partenariats stratégiques, nous allons exploiter le potentiel de nos terres pour produire des récoltes abondantes et soutenir une économie florissante. Les chaînes de la pauvreté disparaitront de notre pays transformé et des possibilités illimitées apparaîtront.

Un paradis de progrès :

La transformation du Burundi SAHUTUGA consiste à reconstruire les infrastructures et à favoriser un sentiment de communauté, d'appartenance et de destin partagé. Notre voyage du conflit au paradis est enraciné dans la conviction que nous sommes tous les architectes de notre avenir. Grâce à l'unité, à l'inclusion et à un dévoucment sans faille, nous créons une nation qui brillera comme un phare de progrès – un paradis vers lequel le continent africain tout entier peut se tourner.

Les composantes de SAHUTUGA – SA pour Sangwabu-taka (Twa), HU pour Hutu, TU pour Tutsi et GA pour Ganwa – représentent les fils qui ont tissé notre histoire. Ils incarnent la force collective de notre passé tout en pointant vers un avenir uni. Chaque lettre est un hommage aux identités uniques qui ont façonné notre société, un témoignage des liens qui nous unissent en tant que citoyens de cette grande nation.

Conclusion : un nouveau chapitre s'ouvre

Alors que nous tournons la page vers un nouveau chapitre de notre histoire, nous réfléchissons au voyage ardu qui nous a amené à ce point. Le Burundi SAHUTUGA est une nation transformée, témoignage du pouvoir de l'unité, de la détermination et d'une vision partagée pour la prospérité. Sur les cendres de notre passé, nous avons forgé un paradis qui va témoigner de ce que nous pouvons accomplir lorsqu'une nation s'unit avec un objectif et un espoir. Bienvenue dans la nouvelle ère du Burundi SAHUTUGA – un paradis renaît, un rêve réalisé et un avenir défini par l'esprit inébranlable de ses citoyens.

CHAPTER I

UNE RÉFLEXION
SUR LE PASSÉ

Le chemin de la transformation commence par une réflex-ion profonde et honnête sur les défis de notre nation. Le Burundi, autrefois marqué par des conflits civils répétés et pris au piège du cycle de la pauvreté, s'est retrouvé à la croisée des chemins. L'héritage de la division, enraciné dans la manipulation des identités, avait semé les graines de la haine et de la discorde. Nous devons éradiquer cet héritage pour que notre nation puisse prospérer.

La transformation du Burundi SAHUTUGA a commencé par un examen courageux des problèmes profondément enrac-inés qui freinent la nation. Les notions d'identité qui divisent, enracinées dans des idées historiques fausses, ont alimenté les conflits, la haine et l'effusion de sang. La reconnaissance de ce fondement toxique a catalysé le changement – un moment

1

charnière où les citoyens ont décidé collectivement de redéfinir leur récit.

Structures sociales dynamiques dans la région des Grands Lacs

Dans le contexte de la compréhension des identités Hutu et Tutsi, il est essentiel de se plonger dans la dynamique historique de la région des Grands Lacs. Contrairement aux catégories tribales fixes souvent supposées, ce chapitre explorera comment les structures sociales de la région étaient beaucoup plus fluides, permettant aux individus de passer d'une catégorie Hutu à une catégorie Tutsi en fonction de facteurs économiques, sociaux et politiques.

L'identité fluide à l'époque précoloniale

Avant l'influence coloniale, les sociétés de la région des Grands Lacs présentaient des structures sociales dynamiques qui remettaient en question les catégorisations ethniques rigides. Les historiens et les chercheurs n'ont pas initialement défini les concepts de Hutu et de Tutsi selon des critères strictement ethniques, mais les ont référés aux rôles au sein de la communauté, aux activités économiques et aux interactions sociales.

L'évolution des étiquettes ethniques dans la région des Grands Lacs : une exploration linguistique

Les changements linguistiques, les événements historiques et les transformations culturelles ont joué un rôle essentiel dans la définition du sens des mots et des étiquettes, en particulier dans le contexte des identités ethniques. Un aspect captivant de cette évolution linguistique est l'origine des termes « Hutu » et « Tutsi » dans la région des Grands Lacs d'Afrique.

Le terme « Hutu » proviendrait de « umu-hutu », signifiant « donnez-lui cette portion », et reflétant une association avec des concepts liés au partage ou aux portions. D'un autre côté, « Tutsi » proviendrait de « umu-tunzi », signifiant « riche », et reliant l'identité Tutsi à la prospérité en raison de leur association historique avec l'élevage du bétail.

Il est important de noter qu'un individu pouvait changer de statut de Hutu à Tutsi et vice versa, soulignant la nature fluide de ces classifications sociales. Cette fluidité ajoute de la complexité à la compréhension de ces termes, soulignant l'inter-action dynamique entre la langue, la culture et les circonstances historiques qui ont façonné l'identité de ces communautés de la région des Grands Lacs au fil du temps.

La mobilité sociale grâce à la réussite économique

La prospérité économique a façonné l'identité d'un individu à l'époque précoloniale. Ceux qui ont accumulé des richesses grâce à l'élevage de bétail et au commerce ont pu passer du statut de Hutu à celui de Tutsi, quelle que soit leur origine initiale. Cette fluidité a remis en question la notion d'affiliation tribale fixe et a souligné le fondement économique des transitions identitaires.

Le mariage comme catalyseur du changement

Le mariage est un moyen important par lequel les individus pouvaient changer d'identité. Les mariages mixtes entre familles hutu et tutsi étaient monnaie courante et entraînaient souvent un changement de statut social. Les liens noués par le mariage ont entraîné des changements d'identité individuelle et favorisé des liens et une compréhension plus significative entre ces groupes.

Alliances politiques et statut social

Les alliances et affiliations politiques ont également facilité les transitions entre les identités Hutu et Tutsi. Les individus qui s'alignaient sur des personnalités influentes ou démontraient des qualités de leadership pouvaient accéder au statut de Tutsi, quelle que soit leur origine. Cette malléabilité reflétait le pragmatisme des structures sociales de la région.

Influence coloniale et solidification des identités

La fluidité des identités Hutu et Tutsi a commencé à changer sous la domination coloniale belge. Les colonisateurs ont introduit des marqueurs physiques tels que la taille et les traits du visage pour délimiter ces catégories, jetant ainsi les bases de distinctions plus rigides. Cette transformation a ouvert la voie à la perception des Hutus et des Tutsis comme des tribus ethniques fixes.

L'héritage de la fluidité dans les temps modernes

Malgré les efforts coloniaux visant à solidifier les identités, les vestiges des structures sociales fluides de la région ont persisté. Les souvenirs des mariages mixtes, de réussite économique et des manœuvres politiques ont continué à influencer les identités individuelles et collectives. Cet héritage a des implications pour la compréhension moderne de la dynamique hutu et tutsi.

Les idées de Mamdani

Les recherches du professeur Mahmood Mamdani (Ph.D., Harvard, 1974) soulignent l'importance de considérer la fluidité historique des identités hutu et tutsi. Son travail remet en question le récit tribal trop simpliste et souligne que les identités étaient changeantes, reflétant les réalités socio-économiques et politiques de l'époque.

Pertinence pour le contexte contemporain

Comprendre la nature dynamique des identités Hutu et Tutsi a des implications significatives pour les efforts de réconciliation et de résolution des conflits dans la région. Reconnaître la fluidité historique peut fournir un cadre plus nuancé pour répondre aux griefs historiques et promouvoir la coexistence pacifique.

La réussite économique, le mariage et les alliances politiques ont influencé les structures sociales dans la région des Grands Lacs par une fluidité qui a permis aux individus de faire la transition entre les identités Hutu et Tutsi en fonction des facteurs ci-dessus. Ce chapitre a mis en lumière les complexités de l'identité dans la région, remettant en question les classifications tribales rigides et mettant l'accent sur le contexte historique qui a façonné ces identités.

L'histoire du Burundi depuis ses débuts jusqu'à son indépendance en 1962

Histoire ancienne :

Le territoire du Burundi a une longue histoire d'habitation humaine remontant à des milliers d'années. Des groupes de langue bantu ont commencé à migrer dans la région vers le 14ème siècle, établissant divers royaumes et chefferies. Les Twa, un peuple pygmée (Abasangwabutaka), étaient également présents dans la région.

Au XVIIe siècle, le Royaume du Burundi apparaît comme une puissante monarchie. Le royaume a étendu son territoire et développé une structure sociale hiérarchique avec les Tutsi comme classe dirigeante et les Hutu comme groupe ethnique majoritaire. Le roi, connu sous le nom de Mwami, détenait un pouvoir important.

Domination coloniale

Le Burundi et le Rwanda sont passés sous domination coloniale allemande à la fin du XIXe siècle. Après la défaite de l'Allemagne lors de la Première Guerre mondiale, le Burundi et le Rwanda ont été placés sous administration belge sous mandat de la Société des Nations. Les Belges gouvernaient indirectement, maintenant la structure sociale existante et renforçant les divisions entre Hutu et Tutsi.

Lutte pour l'indépendance

Au milieu du XXe siècle, le Burundi a été témoin d'appels croissants à l'indépendance et à la réforme politique. L'Union pour le progrès national (UPRONA), dirigée par le prince Louis Rwagasore, est devenue un parti politique de premier plan prônant l'autonomie nationale. Le 13 octobre 1961, le prince Rwagasore est assassiné, mais l'UPRONA poursuit sa lutte pour l'autonomie.

Indépendance

Le 1er juillet 1962, le Burundi obtient son indépendance de la Belgique. Le pays est devenu une monarchie constitutionnelle avec Mwami Mwambutsa IV comme roi. L'UPRONA a remporté le plus grand nombre de sièges lors des premières élections législatives organisées après l'indépendance.

Cependant, les tensions entre Hutu et Tutsi ont persisté, conduisant à des violences sporadiques et à une instabilité politique dans les années qui ont suivi l'indépendance. Ces tensions ont fini par dégénérer en conflits ethniques à grande échelle et en crises politiques au cours des années suivantes.

L'histoire du Burundi depuis son indépendance en 1962 jusqu'à nos jours

Période d'indépendance et post-indépendance (années 1960-1970) : Le Burundi a obtenu son indépendance du régime colonial belge le 1er juillet 1962. L'instabilité politique, les tensions ethniques et la lutte pour le pouvoir entre les populations tutsi et hutu ont marqué la période post-indépendance. Les tentatives de coup d'État menées par les Hutus et les gouvernements dominés par les Tutsis ont conduit à des cycles de violence et de répression.

La guerre civile de 1965 : ce conflit a eu lieu peu après l'indépendance du Burundi. Elle a été déclenchée par des tensions entre les groupes ethniques Hutu et Tutsi à propos du pouvoir politique. Le gouvernement, dominé par les Tutsis, a été confronté à une tentative de coup d'État de la part d'officiers militaires hutus. L'armée, dominée par les Tutsis, a ensuite lancé des représailles, faisant d'importantes victimes.

Première République : En 1966, un coup d'État mené par Michel Micombero aboutit au renversement de la monarchie et à l'établissement d'une république. La Première République n'a pas pu gérer la violence politique, les violations des droits de l'homme et les défis économiques. Les tensions ethniques entre Hutu et Tutsi ont persisté.

La guerre civile de 1972 : La guerre civile de 1972, également connue sous le nom de « Révolution Hutu », était un conflit tragique et brutal entre la majorité ethnique Hutu et la minorité Tutsi au Burundi. Cela a commencé lorsque des extrémistes hutus ont organisé un coup d'État, entraînant des violences et des massacres. Des milliers de Tutsi, y compris des civils, ont été systématiquement pris pour cible et tués, marquant un sombre chapitre de l'histoire du Burundi. Ce conflit majeur a entraîné l'assassinat de nombreux intellectuels et dirigeants politiques hutu par l'armée à majorité tutsie. Le conflit a exacerbé les tensions ethniques et a eu un impact durable sur le paysage politique et social du pays.

Deuxième République : En 1976, Jean-Baptiste accède au pouvoir grâce à un coup d'État militaire. Il est important de noter que le régime de Bagaza était un mélange d'efforts visant à moderniser l'économie du pays et à maintenir le contrôle politique. Cependant, son style de gouvernance autoritaire et ses libertés politiques limitées ont contribué aux tensions sous-jacentes. Il dirigea le pays jusqu'en 1987.

Troisième République (1987-1993) : En 1987, un coup d'État militaire amène au pouvoir le major Pierre Buyoya. Son règne a initialement conduit à une certaine stabilité politique et à une certaine croissance économique. Toutefois, les tensions ethniques demeurent et les demandes de réformes démocratiques se multiplient.

Conflit ethnique de 1988 : Les tensions ethniques ont éclaté à nouveau en 1988, conduisant à des violences et à des conflits initiés par des groupes ethniques Hutu en quête de réformes politiques et sociales. Cette période a entraîné d'importantes pertes en vies humaines et déplacements.

Guerre civile et génocide (années 1990-2000) : L'assassinat du premier président burundais démocratiquement élu, Melchior Ndadaye (un Hutu), en 1993, a déclenché des violences ethniques et une guerre civile qui a duré des années. Le génocide des Tutsi burundais de 1993 a été un conflit dévastateur qui a principalement opposé la majorité ethnique hutue à la minorité tutsie. Le conflit a entraîné d'importantes pertes en vies humaines, des déplacements et une instabilité politique et sociale. Les efforts de médiation entre les affrontements ont abouti aux Accords d'Arusha de 2000, qui visaient à mettre fin à la guerre et à établir des accords de partage du pouvoir.

Période post-conflit (années 2000 à 2010) : Les accords d'Arusha ont ouvert la voie à un gouvernement de transition et à la fin éventuelle de la guerre civile. Toutefois, des violences sporadiques et des tensions politiques ont persisté. Le pays a tenu des élections et Pierre Nkurunziza, un ancien chef rebelle, est devenu président en 2005. Les préoccupations en matière des droits de l'homme, la répression de l'opposition politique et les décisions controversées ont marqué la présidence de Nkurunziza.

Crise politique et troubles (2015-2018) : En 2015, la décision de Nkurunziza de briguer un troisième mandat controversé a conduit à des manifestations, à une tentative de coup d'État manquée et à une répression de la dissidence. Le pays a connu une instabilité politique et des violences, entraînant de nombreux décès et exodes de réfugiés.

Années récentes : En 2020, le président Pierre Nkurunziza est décédé et le président Evariste Ndayishimiye lui a succédé. Le nouveau président a promis d'œuvrer à la réconciliation et au développement. Cependant, des défis subsistent, notamment des préoccupations persistantes en matière des droits de l'homme, des difficultés économiques et la nécessité de réformes politiques.

Une liste complète des présidents burundais et comment ils sont arrivés au pouvoir de 1966 à nos jours
Cette liste est importante pour comprendre l'histoire politique d'instabilité, de conflit et de transitions du Burundi. Les présidents sont classés par ordre de succession :

Michel Micombero (1966-1976) : Michel Micombero a mené un coup d'État militaire en 1966, renversant la monarchie et devenant le premier président de la République.

Jean-Baptiste Bagaza (1976-1987) : Bagaza a pris le pouvoir lors d'un coup d'État en 1976 et a régné jusqu'en 1987.

Pierre Buyoya (1987-1993) : Pierre Buyoya a pris le pouvoir lors d'un coup d'État militaire en 1987. Il a dirigé le pays à travers une période d'instabilité politique et de tensions ethniques.

Melchior Ndadaye (1993) : Melchior Ndadaye est devenu le premier président démocratiquement élu en 1993. Sa présidence a été tragiquement de courte durée en raison de son assassinat la même année.

Cyprien Ntaryamira (1994) : Cyprien Ntaryamira succède à Ndadaye mais meurt dans un accident d'avion la même année.

Sylvestre Ntibantunganya (1994-1996) : Sylvestre Ntibantunganya a exercé les fonctions de président par intérim pendant une période tumultueuse qui a suivi l'assassinat de Ndadaye.

Pierre Buyoya (1996-2003) : Buyoya est revenu au pouvoir lors d'un coup d'État en 1996 et a régné jusqu'en 2003.

Domitien Ndayizeye (2003-2005) : Domitien Ndayizeye a été élu président à l'issue d'une période de transition.

Pierre Nkurunziza (2005-2020) : Pierre Nkurunziza a été élu président en 2005, marquant un nouveau chapitre dans l'histoire post-conflit du Burundi. Sa présidence a été marquée par des controverses, notamment sa décision de briguer un troisième mandat en 2015.

Evariste Ndayishimiye (2020-présent) : Evariste Ndayishimiye est l'actuel président depuis 2020. Il a pris ses fonctions suite au décès soudain du président Nkurunziza.

Veuillez noter qu'au cours de son histoire, le Burundi a été aux prises avec des tensions ethniques, une instabilité politique et des défis liés à la gouvernance et au développement. Le chemin parcouru par le pays vers une paix durable, la réconciliation et le progrès socio-économique reste un voyage complexe.

CHAPTER II

LE VIRUS DE LA HAINE ET DE LA DIVISION ; L'ARME DE CONTRÔLE

Démêler le Mythe : Comment les colonisateurs ont alimenté la haine et la division entre Hutu et Tutsi

Dans l'histoire de nombreux pays se trouve un chapitre obsédant : une histoire de division et de haine qui a marqué les communautés pendant des générations. Dans le cas des Hutu et des Tutsi, un mythe tissé par les colonisateurs a servi d'outil sinistre pour distinguer et manipuler les gens, semant finalement les graines de la haine, de la division et des massacres.

La fabrication de la distinction : Le mythe des Hutus et des Tutsis a commencé comme une fabrication par les puissances

coloniales cherchant à exploiter les structures sociales existantes
à leur profit. Avec un programme impitoyable, ils ont élaboré
un récit qui différenciait les deux communautés en fonction
d'attributs physiques tels que la taille, le nez, etc.

Les colonisateurs ont semé les graines de la division en accen-
tuant ces différences superficielles, créant une fausse hiérarchie
qui opposait les uns aux autres.

Graines de discorde : Au fur et à mesure que le mythe se
propageait, il a déclenché la discorde parmi les peuples qui coex-
istaient harmonieusement depuis des siècles. Les divisions émer-
gentes ont éclipsé les liens d'amitié et de parenté profondément
enracinés, entraînant un sentiment de suspicion et de méfiance
au sein des communautés.

Les colonisateurs ont habilement utilisé ces tensions pour
maintenir leur domination, affaiblissant ainsi toute tentative
d'unité.

Favoriser un cycle de haine : Au fur et à mesure que le
mythe s'est installé, il a attisé les flammes de la haine entre Hutu
et Tutsi. Les communautés qui partageaient autrefois des traditions et des coutumes et qui se mariaient même entre elles ont
désormais succombé à la méfiance et à l'hostilité mutuelles.

Le cycle de haine perpétué par le mythe a empoisonné les
cœurs et les esprits, laissant des cicatrices qui prendraient des
générations à guérir.

Une arme de contrôle : Les colonisateurs ont utilisé le
mythe comme arme pour consolider le contrôle sur la région. En

exploitant les divisions qu'ils ont créées, ils ont stratégiquement favorisé une communauté par rapport à l'autre, attisant les tensions et exacerbant les inégalités existantes.

Ce faisant, ils ont maintenu leur emprise sur le pouvoir, garantissant que toute tentative d'unité constituerait une menace pour leur domination.

Les conséquences tragiques : À mesure que le mythe prenait racine et que les divisions s'approfondissaient, les conséquences furent dévastatrices. Les chapitres sombres des massacres, alimentés par la haine et la manipulation, ont marqué l'histoire de la nation, laissant un héritage de tristesse et de chagrin.

Les familles déchirées, les communautés brisées et la confiance brisée laissent des cicatrices qui continuent de hanter la mémoire collective de la nation.

Un voyage vers la guérison : Démêler ce mythe est un véritable défi, car ses racines sont profondément ancrées dans la psyché de la nation. Cependant, affronter ce chapitre sombre de l'histoire est essentiel pour la guérison et la réconciliation.

Grâce à la vérité, au dialogue et à l'empathie, la nation peut démanteler les murs de division et se lancer dans un voyage vers l'unité et la compréhension.

En conclusion, le mythe des Hutu et des Tutsi, élaboré par les colonisateurs, reste un rappel tragique du pouvoir destructeur de la division et de la manipulation. Ce qui a commencé comme une invention destinée à servir les intérêts des puissances étrangères a entraîné des conséquences considérables, aboutissant à des massacres et à une haine durable. En tant qu'architectes de notre destin, nous devons affronter cette histoire douloureuse avec courage et détermination. En recherchant la vérité et en favorisant la compréhension, nous pouvons jeter les bases de la guérison et, ce faisant, récupérer notre humanité collective, transcendant les divisions qui nous déchiraient autrefois. Ce n'est qu'en embrassant notre héritage commun et en traçant un chemin vers l'unité que nous pourrons nous libérer des chaînes du passé et construire un avenir enraciné dans l'empathie, la paix et l'harmonie.

CHAPTER III

LE MIRAGE
TROMPEUR

Comment l'apparence physique est devenue un outil de division et de manipulation

Dans les sombres annales de l'histoire, des tactiques insidieuses de manipulation ont été utilisées par ceux qui recherchent le pouvoir et le contrôle. Parmi ces méthodes trompeuses figurait l'utilisation des apparences physiques, telles que la forme du nez, la taille et d'autres traits superficiels, pour distinguer davantage et manipuler les citoyens, alimentant finalement la division et la haine.

Pendant la période coloniale au Rwanda-Urundi, les colonisateurs belges ont utilisé des caractéristiques physiques telles que le nez, la tête, les yeux, la taille et d'autres caractéristiques pour catégoriser les individus comme Hutu ou Tutsi. Ce processus faisait partie de la politique coloniale de classification ethnique qui visait à créer des identités ethniques distinctes et rigides pour le contrôle administratif. Cela a commencé au début du XXe siècle, peu après que la Belgique a succédé à l'Allemagne sous l'administration coloniale après la Première Guerre mondiale.

Les Belges ont introduit les cartes d'identité comme moyen de mettre en œuvre cette classification. Ces cartes comprenaient le nom de l'individu, son faux groupe ethnique (Hutu ou Tutsi) et les caractéristiques physiques utilisées pour ce programme. Ces caractéristiques physiques comprenaient :

La grandeur du nez et de la tête, la taille, etc. : Les Belges pensaient que les Tutsis avaient des caractéristiques plus « caucasoïdes », notamment un nez plus long et plus étroit, que les Hutus. Cette catégorisation raciale basée sur les traits du visage était très problématique et est aujourd'hui largement discréditée.

La taille : La taille était un autre facteur pris en compte. Ils ont également classé les Tutsi comme étant plus grands et plus minces, tandis que les Hutu étaient considérés comme plus petits et plus robustes.

Les instruments de mesure spécifiques utilisés à cette fin comprenaient des pieds à coulisse pour mesurer la largeur du nez et d'autres traits du visage, ainsi que des règles pour mesurer la hauteur. Ces mesures, enregistrées sur les cartes d'identité, ont été introduites par les autorités coloniales belges.

Ces mesures physiques étaient hautement arbitraires et ont contribué aux tensions ethniques au Rwanda et au Burundi en donnant l'impression que ces divisions étaient plus figées et enracinées dans la biologie qu'elles ne l'étaient. Cette politique coloniale de classification ethnique, qui a solidifié les différences perçues entre Hutus et Tutsis, a joué un rôle important dans la dynamique sociale et politique du Rwanda-Urundi et a contribué aux conflits qui ont éclaté plus tard dans l'histoire de ce pays.

Ce système de cartes d'identité et les classifications physiques associées, introduits au début et au milieu du XXe siècle, ont eu un impact durable sur la région. Cependant, il est essentiel de reconnaître que ces classifications n'étaient pas scientifiquement valables et qu'elles ont été largement nuisibles et source de discorde.

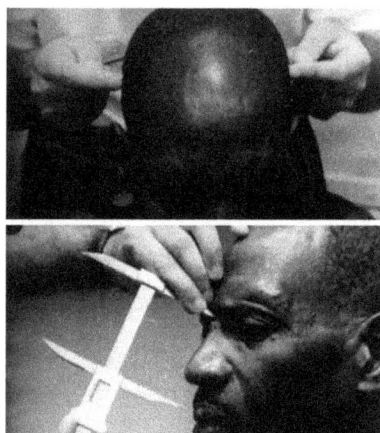

https://sungrammata.com/the-rwandan-myth

L'impact de l'utilisation de l'apparence physique

Perceptions déformées : Utiliser l'apparence physique pour différencier et catégoriser les citoyens déforme délibérément la réalité. L'accent mis sur des traits superficiels comme la forme du nez et la taille a perpétué l'idée selon laquelle il existait des différences inhérentes entre Hutu et Tutsi, conduisant à un faux sentiment de supériorité ou d'infériorité.

Ceux qui étaient au pouvoir ont manipulé les perceptions en attribuant une importance exagérée à ces attributs physiques, renforçant ainsi les divisions et semant les graines de la haine.

Semences de préjugés : La manipulation de l'apparence physique pour alimenter la division a semé les préjugés parmi la population. L'idée selon laquelle un groupe possédait certains traits physiques qui le rendaient supérieur ou inférieur alimentait des stéréotypes néfastes, approfondissant le gouffre entre les communautés.

Cet état d'esprit préjugé a conduit à la discrimination et a perpétué un cycle d'hostilité.

Cultiver une fausse hiérarchie : L'accent mis sur l'apparence physique est devenu une base pour créer une fausse hiérarchie sociale. Les colonisateurs l'ont utilisé pour justifier la répartition inégale des ressources et des opportunités, un groupe étant favorisé sur la base de ces traits arbitraires.

Cette hiérarchie artificielle perpétuait un système d'oppression, maintenant une communauté soumise tout en accordant des privilèges à une autre.

Ceux qui détenaient le pouvoir utilisaient le mythe de l'apparence physique comme une arme de contrôle. En instillant un sentiment de supériorité dans un groupe et un sentiment d'infériorité dans un autre, ils ont manipulé les citoyens pour maintenir leur autorité incontestée.

Cette forme de contrôle a étouffé la dissidence et découragé les tentatives d'unité, garantissant ainsi la préservation de leur domination.

Un déguisement pour des intentions cachées : L'accent mis sur l'apparence physique a également servi de déguisement pour des intentions cachées. Derrière la façade de citoyens distinctifs basés sur la forme du nez ou la taille se cachent des motivations plus profondes de pouvoir politique, d'exploitation économique et de domination culturelle. Le détournement des divisions basées sur l'apparence physique a masqué les véritables intentions de ceux qui perpétuent cette tromperie.

Dépouiller l'humanité : Par-dessus tout, le mythe de l'apparence physique a dépouillé l'essence de l'humanité partagée. Cela a déshumanisé les individus, les réduisant à des traits physiques plutôt que d'embrasser la richesse de leurs origines diverses, aspirations et rêves.

Cette déshumanisation a alimenté l'animosité et empêché la reconnaissance des liens communs qui unissaient tous les citoyens.

En conclusion, l'utilisation de l'apparence physique comme outil de division et de manipulation constitue un chapitre sombre de l'histoire, mettant en lumière le pouvoir destructeur de la tromperie et des préjugés. En déformant les perceptions, en cultivant de fausses hiérarchies et en déshumanisant les individus, ceux qui étaient au pouvoir ont cherché à contrôler et à manipuler le peuple à leur profit.

Alors que nous réfléchissons à ce passé douloureux, rappelons-nous l'importance d'affronter les mensonges et d'accepter la vérité. Nous ne pouvons avancer vers un avenir où l'unité, l'empathie et la compréhension prévaudront qu'en démantelant ces mythes trompeurs et en reconnaissant notre humanité commune. En tant qu'architectes de notre destin, nous devons nous efforcer de nous libérer des chaînes de la division et de la manipulation pour tracer la voie vers la réconciliation, la guérison et une société où les contributions uniques des citoyens vont au-delà des apparences superficielles. En tirant les leçons de cette sombre histoire, nous pouvons aspirer à construire un avenir libre de manipulation et de division, où la force de notre unité l'emporte sur la faiblesse de la tromperie.

CHAPTER IV

LES PIONS DU POUVOIR

Comment certains dirigeants politiques ont poursuivi la stratégie consistant à diviser les citoyens à leur profit

Tout au long de l'histoire, la quête du pouvoir a poussé certains dirigeants politiques à recourir à des tactiques de division pour maintenir leur contrôle sur les masses. Tout comme les puissances coloniales ont manipulé les divisions entre les citoyens, certains dirigeants politiques ont perpétué la même stratégie consistant à semer la discorde pour servir leurs intérêts et leurs ambitions. Voici quelques-unes des forces motrices derrière leurs programmes :

La soif du pouvoir : Au cœur de ce conte se trouve la soif insatiable de pouvoir. Certains dirigeants politiques, désireux de garder le contrôle, ont exploité les tactiques de division héritées du passé pour exploiter les fractures sociétales.

Leur soif d'autorité ne connaissait aucune limite et ils ne voyaient aucun scrupule à sacrifier l'unité de la nation à des fins personnelles.

Exploiter les griefs historiques : S'appuyant sur les pages de l'histoire, ces dirigeants ont utilisé les griefs historiques de longue date entre différentes communautés. Ils cherchaient à alimenter la haine et la méfiance en ressuscitant les blessures et les ressentiments du passé, car une population divisée était plus facile à manipuler et à contrôler.

Attiser les flammes de l'appartenance ethnique : Dans leur tentative de maintenir leur emprise sur le pouvoir, certains dirigeants ont délibérément attisé les tensions ethniques. Ils ont amplifié les différences entre les groupes ethniques, semant la peur et la méfiance dans le cœur des citoyens, tout cela pour affaiblir toute opposition collective à leur pouvoir.

En créant un discours « nous contre eux », ils espéraient consolider leur base de soutien et faire taire la dissidence.

Détourner l'attention des vrais problèmes : Plutôt que de répondre aux préoccupations urgentes de la nation, ces dirigeants ont utilisé des tactiques de division comme écran de fumée. En orientant l'attention des citoyens vers les conflits intercommunautaires, ils ont détourné l'attention de questions cruciales telles que les échecs de gouvernance, la corruption et les inégalités économiques.

Cette stratégie calculée leur a permis d'échapper à leurs responsabilités et de prolonger leur emprise sur le pouvoir.

Perpétuer un cycle de violence : Certains dirigeants politiques ont perpétué un cycle de violence en exploitant les divisions entre les citoyens. Ils ont utilisé une rhétorique incendiaire et la désinformation pour alimenter la haine et l'animosité, conduisant à des flambées de violence et à des troubles, qui justifiaient tout commodément leur règne d'une main de fer.

Dans ce cycle de violence, les victimes étaient des citoyens innocents pris entre deux feux.

Saper l'unité nationale : La conséquence la plus profonde de ces stratégies de division a été l'érosion de l'unité nationale. Une société fracturée peine à avancer de manière cohérente, entravant le progrès et compromettant la force collective de la nation.

Saper l'unité nationale affaiblit le tissu social, le rendant vulnérable à de nouvelles manipulations et exploitations.

En conclusion, la poursuite de la stratégie de division des citoyens à des fins politiques par certains dirigeants est un témoignage décourageant de la soif du pouvoir. En exploitant des griefs historiques, en attisant les tensions ethniques et en détournant l'attention des véritables problèmes, ces dirigeants mettent en péril le bien-être de la nation et de ses citoyens.

En tant qu'architectes de notre destin, nous devons rester vigilants face à de telles tactiques de division. En reconnaissant les stratagèmes manipulateurs employés par des dirigeants avides de pouvoir, nous pouvons rester unis dans la poursuite d'une société fondée sur l'empathie, la compréhension et la coopération.

Tirons les leçons des erreurs passées et luttons pour un leadership qui unit plutôt que celui qui divise – une administration qui défend les valeurs de justice, d'inclusion et de progrès.

Ce faisant, nous préservons l'avenir de notre nation et veillons à ce que les chapitres sombres de l'histoire qui divise donnent lieu à un récit d'unité et de croissance collective.

CHAPTER V

LA RÉCOLTE AMERE

Les conséquences d'un peuple divisé:
Les conséquences d'un peuple divisé se répercutent partout, laissant dans leur sillage un paysage marqué par la pauvreté, l'ignorance et la corruption. Lorsque la haine et la discorde envahissent une nation, ses citoyens subissent les fruits amers de la division.

La pauvreté et le désespoir : Une nation divisée est souvent en proie à la pauvreté, car les personnes au pouvoir gèrent mal les ressources et les opportunités sont gaspillées dans leur quête du pouvoir et du contrôle. Les cicatrices des conflits historiques et les politiques de division entravent le progrès économique, perpétuant un cycle de pauvreté qui engloutit d'innombrables vies.

Sans une vision unifiée du progrès, les citoyens luttent pour se libérer de la pauvreté et se retrouvent piégés dans le bourbier du dénuement.

Les citoyens sans éducation et non civilisés : Les conséquences de la division s'étendent à l'éducation et au développement sociétal. Lorsque la discorde remplace l'unité, l'école passe généralement au second plan par rapport aux agendas politiques, laissant les citoyens mal équipés pour faire face aux défis du monde moderne.

Une population non éduquée perpétue l'ignorance et l'intolérance, creusant encore davantage le fossé entre les communautés et entravant le progrès sociétal.

Les dirigeants sans vision : Les dirigeants donnent souvent la priorité à leur intérêt personnel et à leur survie politique plutôt qu'à une vision collective de l'avenir dans une nation fracturée par la division. Cette absence de leadership visionnaire étouffe l'innovation et le progrès, laissant les citoyens sans voie claire à suivre.

Les dirigeants motivés par des gains à court terme ont besoin de plus de prévoyance pour relever des défis complexes, et leur leadership devient une pierre d'achoppement pour la croissance nationale.

La corruption et l'érosion de la confiance : la division favorise un environnement propice au développement de la corruption. À mesure que les divisions s'approfondissent, la confiance dans les institutions publiques se détériore, et ceux qui sont au pouvoir exploitent ce manque de confiance pour manipuler les systèmes à leur profit personnel.

La corruption devient endémique, compromettant encore davantage la capacité du pays à relever ses défis urgents et perpétuant un cycle de méfiance parmi les citoyens.

Le tissu social fragmenté : Les divisions entre les citoyens fragmentent le tissu social qui unit une nation. Les communautés deviennent insulaires et réticentes à s'engager, et la communication s'interrompt.

Ce tissu social fragmenté érode le sentiment d'identité nationale partagée, ce qui rend difficile pour les citoyens de répondre collectivement aux préoccupations communes.

La stagnation et la régression : En fin de compte, les conséquences d'un peuple divisé se manifestent par la stagnation et la régression de la nation, et l'énergie nécessaire au progrès collectif se dissipe dans les conflits internes et les poursuites de division.

La nation est enfermée dans un cycle de régression, incapable de se libérer des chaînes de la division et de la discorde.

En conclusion, les conséquences d'un peuple divisé sont profondes et de grande envergure, affectant tous les aspects de l'existence d'une nation. La pauvreté, l'ignorance et la corruption pèsent lourdement sur les épaules des citoyens, tandis que le manque de leadership visionnaire entrave le progrès et l'unité.

En tant qu'architectes de notre destin, nous devons reconnaître que le chemin vers le progrès et la prospérité commence par la réduction des fossés qui nous séparent. En favorisant l'empathie, la compréhension et une vision collective de l'avenir, nous pouvons panser les blessures de la division et tracer la voie vers une société plus inclusive et plus prospère.

Ce n'est qu'en unissant nos forces et nos aspirations que nous pourrons nous libérer des chaînes de la moisson amère de la division et construire une nation où le bien-être de tous les citoyens est au premier rang de ses priorités. Aspirons à un avenir où notre potentiel collectif se manifeste et où un récit d'unité remplace l'héritage de la division.

CHAPTER VI

LES MAUVAISES HERBES DANS UN CHAMP COMPARÉES À LA HAINE DANS L'ESPRIT DES GENS

Les mauvaises herbes dans un champ et la haine dans l'esprit des gens partagent des parallèles intrigants, offrant des informations précieuses sur la nature des deux. Explorons cette comparaison :

Prolifération : Les mauvaises herbes peuvent remarquablement croître et se propager rapidement, dépassant souvent les plantes cultivées dans un champ. De la même manière, la haine dans l'esprit des gens peut croître de manière incontrôlée, écrasant les pensées et les émotions positives. Cela peut consumer leur réflexion, dominant leurs perceptions et leurs interactions avec les autres.

Persistance et résilience : Les mauvaises herbes sont résilientes et difficiles à éradiquer. Même une fois retirés, ils peuvent réapparaître s'ils ne sont pas complètement déracinés. De même, la haine dans l'esprit des gens peut être profondément enracinée et persister même après les efforts déployés pour la surmonter. Cela peut refaire surface lors d'un stress ou d'un conflit, nécessitant une conscience de soi et une gestion constante.

Étouffement et entrave la croissance : Les mauvaises herbes rivalisent avec les plantes cultivées pour les ressources essentielles comme l'eau, la lumière du soleil et les nutriments, bloquant et entravant souvent leur croissance. De la même manière, la haine peut étouffer la croissance personnelle et empêcher les individus d'établir des liens et des expériences significatives. Cela crée des obstacles à l'empathie, à la compréhension et à la compassion, empêchant ainsi le développement personnel et sociétal.

Propagation contagieuse : Les mauvaises herbes peuvent rapidement se propager dans un champ, affectant les zones voisines. De la même manière, la haine dans l'esprit d'une personne peut se propager de manière contagieuse et influencer son entourage. Les émotions et les actions négatives peuvent perpétuer un cycle de haine et de préjudice, ayant un impact sur les relations et les communautés.

Nécessité d'une élimination diligente : L'élimination des mauvaises herbes d'un champ nécessite des efforts constants et diligents. De même, vaincre la haine dans l'esprit exige une réflexion personnelle constante, une intelligence émotionnelle et une volonté de changer les schémas de pensée négatifs. Cela peut impliquer de rechercher le soutien d'autrui, comme une thérapie ou des conseils.

Favoriser la positivité : Pour empêcher les mauvaises herbes d'envahir un champ, les agriculteurs se concentrent sur l'entretien et l'entretien des plantes désirées. De même, combattre la haine dans l'esprit des gens implique de promouvoir des émotions positives comme l'amour, la compassion et la compréhension. Favoriser un état d'esprit d'empathie et de gentillesse peut aider à contrecarrer les effets néfastes de la haine.

Cultiver un environnement sain : Créer un environnement sain dans un champ aide à minimiser la croissance des mauvaises herbes. De même, favoriser un environnement solidaire et inclusif dans la société peut atténuer le développement de la haine dans l'esprit des gens. La promotion de la tolérance, du respect et du dialogue ouvert cultive une culture qui décourage la haine et favorise l'unité.

Prévention à long terme : Empêcher les mauvaises herbes d'envahir un champ nécessite une vigilance continue et des mesures proactives. De même, empêcher la croissance de la haine dans la société nécessite des efforts à long terme, tels que l'éducation, la lutte contre les causes profondes des conflits et la promotion de la compréhension entre les différents groupes.

En conclusion, la comparaison entre les mauvaises herbes dans un champ et la haine dans les esprits révèle le caractère envahissant et néfaste des deux. Cependant, comme une culture et un entretien assidu peuvent restaurer une plantation saine, lutter contre la haine dans l'esprit des individus nécessite une conscience de soi persistante, de l'empathie et un engagement à favoriser une culture de compréhension et de compassion. En reconnaissant les parallèles entre ces deux phénomènes, nous comprenons comment prendre soin de nos pensées et de nos émotions, promouvoir des attitudes positives et semer des graines d'empathie et d'amour pour cultiver un monde plus harmonieux et compatissant.

CHAPTER VII

LE PROCESSUS DE TRANSFORMATION

1. Comparaison entre le processus de développement d'un vaccin et la reconstruction d'un pays. Comparer le processus de développement d'un vaccin pour éradiquer un virus avec la reconstruction d'un pays en ruine offre des parallèles passionnants. Les deux efforts impliquent un parcours de transformation, nécessitant une planification méticuleuse, un dévouement et une collaboration pour réussir. Explorons cette comparaison plus en profondeur :

Identifiez le problème : dans les deux cas, la première étape consiste à identifier la cause première du problème. Pour le développement d'un vaccin, il est crucial de comprendre le virus responsable de la maladie et son impact sur la santé publique. De même, pour un pays en ruine, une évaluation des problèmes et des défis sous-jacents qui ont conduit à sa chute est essentielle pour formuler une stratégie efficace de reconstruction.

Élaborer un plan : Tout comme les scientifiques conçoivent un vaccin basé sur les antigènes du virus, la reconstruction d'un pays en ruine nécessite un plan global. Ce plan devrait aborder divers aspects, notamment les infrastructures, l'économie, les soins de santé, l'éducation, la gouvernance et la cohésion sociale. Un plan bien pensé pose les bases d'une transformation réussie.

Mise en œuvre : Le développement et les tests d'un vaccin nécessitent des recherches et des essais cliniques rigoureux. De même, la reconstruction d'un pays exige une mise en œuvre minutieuse du plan élaboré. Cela implique des efforts de collaboration de la part de diverses parties prenantes, notamment des agences gouvernementales, des organisations non gouvernementales, des partenaires internationaux et de la population locale.

Surmonter les défis : Il y aura forcément des défis et des obstacles dans les deux cas. Pour le développement d'un vaccin, les défis peuvent inclure la recherche de l'antigène approprié, la garantie de la sécurité et la navigation dans les processus réglementaires. Reconstruire un pays en ruine implique de résoudre des problèmes complexes tels que l'instabilité politique, les disparités économiques, les troubles sociaux et les préoccupations environnementales. La flexibilité et l'adaptabilité sont essentielles pour surmonter ces obstacles.

Sensibilisation et participation du public : La sensibilisation et la participation du public sont cruciales dans les deux efforts. Pour les vaccins, une compréhension et une acceptation générales sont essentielles au succès des campagnes de vaccination. Lors de la reconstruction d'un pays en ruine, l'implication de la population affectée, la compréhension de ses besoins et la promotion d'un sentiment d'appropriation parmi les citoyens sont essentielles à un progrès durable.

Engagement à long terme : Le développement d'un vaccin prend souvent des années, et la reconstruction d'un pays en ruine est un effort qui s'étale sur plusieurs années, voire plusieurs décennies. Les deux processus nécessitent un engagement et un dévouement à long terme de la part de toutes les parties impliquées. Il faudra peut-être plus que des solutions à court terme pour obtenir un impact durable.

Mesurer le succès : Dans le développement d'un vaccin, l'efficacité de la prévention de la maladie et son profil d'innocuité constituent la mesure du succès. Pour un pays en ruine, la qualité de vie, les indicateurs socio-économiques, la stabilité politique et le bien-être général de la population sont la mesure du succès.

Collaboration mondiale : les deux projets bénéficient souvent d'une collaboration et d'un soutien mondiaux. Les scientifiques, les chercheurs et les organisations du monde entier travaillent ensemble pour partager leurs connaissances et leurs ressources pour le développement de vaccins. Souvent, la reconstruction d'un pays en ruine repose sur l'aide internationale, les partenariats et l'expertise pour accélérer les progrès.

En conclusion, le développement d'un vaccin pour éradiquer un virus et la reconstruction d'un pays en ruine partagent des thèmes communs : planification, mise en œuvre, dépassement des défis, engagement du public, engagement à long terme et collaboration mondiale. Les deux efforts représentent des parcours transformateurs qui visent à apporter des changements positifs et à améliorer le bien-être des individus et des communautés. Tout comme le développement d'un vaccin apporte l'espoir d'éradiquer la maladie, la reconstruction d'un pays en ruine offre l'espoir d'un avenir meilleur et plus durable.

2. Démolir et reconstruire une maison ou dénouer et attacher à nouveau les chaussures
    Démolir et reconstruire une maison ou dénouer et attacher ses chaussures sont deux analogies que les gens peuvent utiliser pour illustrer les concepts de transformation significative et de nouveau départ.
    Démolir et reconstruire une maison : Démolir et reconstruire une maison est une métaphore d'une transformation significative et globale. Lorsque quelqu'un reconstruit une maison, cela implique de démolir la structure existante, de débarrasser les anciens éléments et parfois d'en apporter de nouveaux, et de laisser la place à un nouveau départ. Ce processus peut être le meilleur choix lorsque la structure actuelle n'est plus adaptée, obsolète ou nécessite des améliorations substantielles.

L'étape de démolition représente le démantèlement de l'ancien, ce qui peut être difficile et parfois émouvant, surtout si la maison a une valeur sentimentale. Cependant, cela offre également l'opportunité de débarrasser la propriété de tous les défauts, faiblesses ou limitations de la structure précédente. **La phase de reconstruction est une opportunité passionnante pour l'innovation et la créativité.** Il permet l'incorporation d'éléments de conception modernes, une fonctionnalité améliorée et l'intégration de nouvelles technologies. Cette transformation se traduit souvent par une maison plus robuste, plus esthétique et plus efficace qui répond mieux aux besoins et désirs de ses occupants.

Dans le contexte de l'épanouissement personnel, démolir et reconstruire une maison symbolise une profonde transformation dans la vie. Cela peut impliquer d'abandonner de vieilles habitudes, des schémas de pensée ou des relations qui ne servent plus un objectif positif. Ce faisant, un individu peut créer un espace pour de nouvelles expériences, opportunités et développement personnel.

Dénouer et nouer les chaussures à nouveau : Délier et nouer les chaussures à nouveau est une analogie plus simple qui illustre l'idée de recommencer ou de repartir de zéro. Lorsqu'une personne détache ses chaussures, c'est un acte de défaire ce qui était auparavant en place. Cela signifie une table rase, un moment pour recommencer.

En dénouant les chaussures, les nœuds qui les maintenaient autrefois fermement en place se relâchent, permettant à l'individu de libérer ses pieds et de supprimer toute contrainte.

Cet acte revient à abandonner des notions préconçues ou des restrictions qui auraient pu entraver le progrès ou la croissance.

Attacher à nouveau les chaussures représente l'acte d'initier un nouveau départ. L'individu prend le temps de lacer ses chaussures avec soin et délibérément, garantissant ainsi un ajustement sûr et confortable pour la prochaine partie de son voyage.

En tant que métaphore de la croissance personnelle et du développement personnel, dénouer et attacher à nouveau les chaussures implique la volonté de se libérer des anciens schémas, croyances ou limitations qui nous retenaient. Il s'agit d'un acte d'autonomisation, car cela signifie prendre sa vie en main et tracer une nouvelle voie pour l'avenir. Tout comme dénouer et renouer ses chaussures, cela invite les individus à accepter le changement et à ouvrir de nouvelles opportunités avec une nouvelle perspective.

En résumé, démolir pour reconstruire une maison ou délier et attacher à nouveau des chaussures représentent le potentiel de changement, de croissance et de transformation.

Que ce soit à grande échelle, comme reconstruire une maison, ou à un niveau plus petit et plus personnel, comme attacher des chaussures, ces analogies nous encouragent à abandonner l'ancien et à adopter le nouveau, favorisant ainsi un environnement propice au changement positif et au développement personnel.

3. Déterrer les fondements du changement

Dans le labyrinthe de notre esprit se trouvent les structures cachées de pensée et de croyance qui façonnent notre perception du monde. Nous sommes les architectes de nos paysages mentaux, construisant des murs de conviction et érigeant des forteresses d'idéologie. Mais il y a des moments où les fondations que nous avons posées deviennent des pierres d'achoppement, entravant notre croissance et entravant le chemin du progrès.

Alors que nous nous engageons dans le voyage visant à transformer notre état d'esprit, nous rencontrons une phase cruciale : arracher, abattre, détruire et renverser. Ce processus ardu exige une volonté de confronter nos préjugés et nos idées préconçues les plus intimes, en reconnaissant que certaines croyances peuvent nous avoir empêchés de réaliser notre plein potentiel.

Arracher, c'est creuser profondément, fouiller dans les recoins de notre esprit pour identifier les germes de la négativité et du doute de soi. Comme des jardiniers expérimentés, nous devons déraciner les mauvaises herbes des croyances limitantes qui ont élu domicile en nous, retardant notre croissance et nous empêchant d'accepter le changement. Il faut du courage et de la conscience de soi pour affronter ces pensées bien ancrées, sachant que ce n'est qu'en les exposant à la lumière que nous pourrons entamer le processus de transformation.

Abattre, c'est démanteler les constructions mentales qui ont agi comme des barrières, limitant notre vision et nous confinant aux limites que nous nous sommes imposées. Nous avons peut-être érigé des murs de peur, de doutes ou d'échecs passés, nous empêchant d'embrasser de nouvelles perspectives et opportunités. Nous nous libérons du confinement que nous nous sommes imposé à chaque brique que nous retirons, ouvrant ainsi une vaste étendue de possibilités.

Détruire, c'est affronter les récits dommageables que nous avons intériorisés au fil du temps. Il s'agit de reconnaître le discours intérieur négatif qui nous a retenu et de le remplacer par des affirmations stimulantes. En brisant ces schémas destructeurs, nous créons un espace pour de nouvelles croyances qui correspondent à nos aspirations et au changement positif que nous cherchons à manifester.

Renverser, c'est se libérer du poids des erreurs passées et du fardeau des insuffisances perçues. Nous devons abandonner l'idée selon laquelle nos actions ou circonstances passées nous définissent. En libérant ce bagage, nous nous libérons pour avancer sans entrave, en embrassant le potentiel infini du moment présent.

Dans ce processus de transformation, nous pouvons rencontrer une résistance de la part de notre ego, nous accrochant désespérément au confort familier du statu quo. Mais nous persistons, sachant que la véritable croissance se situe au-delà du seuil de confort. Avec chaque pensée que nous déracinons, chaque mur que nous démantelons et chaque croyance que nous remettons en question, nous nous rapprochons du changement que nous désirons.

À travers cette phase d'extirpation et d'abattage, nous cultivons le terrain fertile pour qu'un nouvel état d'esprit prenne racine. Nous nous préparons à reconstruire et à replanter avec une base de positivité, de confiance en soi et un sens renouvelé du but.

Alors que nous parcourons les complexités de ce voyage transformateur, rappelons-nous que le changement n'est pas un événement instantané mais un processus de croissance continu. Avec patience et persévérance, nous pouvons naviguer sur le terrain inexploré de notre esprit, déraciner les mauvaises herbes du doute, abattre les murs des limitations, détruire les schémas de pensée négatifs et rejeter les fardeaux du passé.

En acceptant l'appel à l'extirpation et à l'abattage, nous découvrons le potentiel illimité en nous et la prise de conscience libératrice que nous sommes les architectes de notre destin. Le chapitre du changement commence ici, et alors que nous nous lançons dans cette expédition de l'esprit, nous entrons dans un nouveau récit de découverte de soi, d'autonomisation et de conviction inébranlable que la transformation est à notre portée.

4. Cultiver le jardin de l'unité

Dans les paysages arides des cœurs accablés par la haine et la division se trouve un potentiel de croissance inexploité – un potentiel pour construire et planter des graines de compréhension, de compassion et d'unité. Alors que nous parcourons le réseau complexe d'émotions et d'histoires humaines, nous sommes confrontés au défi de transformer les esprits marqués par la haine et les préjugés en un terrain fertile pour la positivité et l'harmonie.

Construire, c'est poser les bases de la compréhension, brique par brique, en démantelant les barrières qui nous séparent depuis bien trop longtemps. Nous devons écouter avec empathie, en cherchant à comprendre les expériences qui ont façonné les perspectives des autres. Ce processus nécessite une volonté de sortir de notre zone de confort, en reconnaissant que notre compréhension du monde n'est pas la seule vérité.

En tant qu'architectes du changement, nous devons construire des ponts de dialogue, reliant les cœurs et les esprits

par des fils de communication ouverte. Les pierres angulaires de ces ponts sont le respect et la véritable curiosité, favorisant un environnement où les voix diverses ne sont pas réduites au silence mais célébrées. Ce faisant, nous construisons un chemin vers la compréhension mutuelle, en entretenant un jardin d'unité où les graines de la réconciliation peuvent prendre racine.

Planter, c'est semer les graines de la compassion, de la gentillesse et de l'empathie, en reconnaissant que la croissance nécessite de l'attention et de la patience. Ces graines peuvent paraître petites et discrètes au départ, mais leur potentiel de floraison et de floraison est illimité. Nous devons assidûment arroser ces graines avec amour, compréhension et acceptation.

Nous reconnaissons que guérir les blessures du passé et transcender les divisions ne peut pas être réalisé par un seul grand geste mais par d'innombrables petits actes de bonne volonté. Dans les interactions quotidiennes, les échanges de respect et de gentillesse, les racines de l'unité s'étendent plus profondément, nous unissant en tant qu'humanité partagée.

Comme des jardiniers expérimentés, nous devons entretenir le jardin de l'unité avec soin et persévérance, surtout dans l'adversité. Nous devons protéger les tendres pousses de la compréhension des vents violents de l'intolérance et cultiver un environnement dans lequel chacun se sent valorisé et entendu.

Construire un chemin vers la compréhension mutuelle dans les cœurs qui gardent une histoire de haine et de division nous oblige à regarder au-delà des différences superficielles et à reconnaître le fil conducteur qui nous unit tous : notre humanité commune. Nous devons favoriser une atmosphère dans laquelle les individus se sentent en sécurité pour exprimer leurs pensées, leurs expériences et leurs émotions sans crainte d'être jugés.

Dans ce processus de transformation, nous devons également faire preuve de compassion envers nous-mêmes, en reconnaissant que la croissance n'est pas linéaire et que des revers peuvent survenir. Mais nous refusons de nous laisser dissuader, car les graines de l'unité que nous plantons ont le potentiel de germer et de prospérer, brisant les barrières de la haine et s'épanouissant dans un jardin d'harmonie.

Alors que nous cultivons ce jardin d'unité, nous devons reconnaître que le changement n'est pas une transformation instantanée mais un voyage continu d'apprentissage et de désapprentissage, de construction et de plantation. Il s'agit d'un effort collectif dans lequel nous contribuons à la riche toile de compréhension qui s'étend à travers nos communautés et au-delà.

En relevant le défi de semer de bonnes graines dans des cœurs ayant une histoire de haine et de division, nous arrosons les racines de l'empathie et de la compréhension, nourrissant ainsi un héritage d'unité dont hériteront les générations futures. Ensemble, alors que nous entretenons ce jardin de transformation, nous créons un monde où la compassion transcende la division, la compréhension remplace la haine et où les graines de l'unité portent les fruits d'un avenir plus brillant et plus harmonieux.

CHAPTER VIII

LE CERVEAU HUMAIN EST UN TERRAIN DE JEU

Le cerveau humain est un terrain de jeu d'idées, de pensées, d'émotions et de créativité. C'est comme un paysage vaste et complexe où les neurones s'activent, les synapses se connectent et les réseaux neuronaux complexes donnent naissance aux merveilles de la cognition humaine. Dans ce terrain de jeu de l'esprit, l'imagination se déchaîne alors que les idées bondissent et s'enchaînent comme des enfants qui jouent. C'est un espace où les souvenirs sont stockés, les expériences analysées et les connaissances intégrées au tissu de compréhension. Les émotions dansent et tournoient comme des compagnons ludiques, influençant les perceptions et colorant la lentille à travers laquelle le monde apparaît. L'amour, la joie, la peur, la tristesse et la curiosité se relaient selon les oscillations de la conscience, façonnant nos réponses au monde qui nous entoure. La créativité trouve ici sa toile, où l'inspiration et l'innovation se rencontrent, donnant naissance à l'art, à la musique, à la littérature et à des découvertes révolutionnaires. **Dans ce terrain de jeu, l'esprit humain devient un artiste, transformant ses pensées en réalité et donnant vie à ses rêves.** Pourtant, tout comme un terrain de jeu, le cerveau humain fait face à des défis et à des obstacles. Cela peut connaître des hauts et des bas, avec des moments de confusion et d'incertitude, un peu comme naviguer dans les méandres d'un gymnase dans la jungle. **Mais c'est aussi un lieu de résilience et d'adaptabilité, où la neuroplasticité du cerveau lui permet de grandir, d'apprendre et de changer au fil du temps.** Comme les enfants sur une aire de jeux, le cerveau explore de nouveaux territoires, forgeant de nouvelles voies neuronales et élargissant sa capacité de connaissance et de compréhension.

Dans ce terrain de jeu de l'esprit, la curiosité devient le swing qui nous propulse plus haut, et l'apprentissage devient le bac à sable où nous puisons en profondeur dans les vastes trésors d'informations.

Tout comme les enfants dans une aire de jeux apprennent à partager et à coopérer, le cerveau humain se nourrit de connexions et d'interactions sociales. Il cherche à comprendre et à sympathiser avec les autres, en créant des liens qui enrichissent nos vies et définissent notre humanité.

Et dans le vaste terrain de jeu du cerveau humain, les jeux de l'imagination et de l'intellect s'entremêlent, donnant naissance aux merveilles infinies de la conscience humaine. C'est un lieu d'exploration infinie où la quête de connaissance et de compréhension ne s'arrête jamais.

En effet, le cerveau humain est un terrain de jeu pas
comme les autres, un lieu où la magie de la pensée et la
complexité des émotions se rencontrent, nous invitant à découvrir notre extraordinaire potentiel. En jouant sur le terrain
de jeu de notre esprit, nous découvrons la capacité illimitée de
croissance, d'apprentissage et les horizons sans cesse élargis de
l'esprit humain.

La remarquable adaptabilité du cerveau humain permet aux
individus d'apprendre et de remodeler leurs perspectives, attitudes et comportements en réponse à de nouvelles expériences
et informations. Cette flexibilité cognitive permet l'acquisition
et l'assimilation de nouveaux systèmes de croyances, idéologies
et modèles de conduite. Des exemples tels que la cohabitation,
la tolérance et le pardon soulignent la capacité du cerveau à
s'adapter aux nouvelles normes sociales, à accepter la diversité et
à cultiver l'empathie et la compréhension. Le cerveau humain
est un organe dynamique et évolutif, capable d'apprendre et
de se transformer continuellement tout au long de la vie d'un
individu.

SAHUTUGA a été choisi pour être un concept très simple
et passionnant pour le cerveau, agissant comme un catalyseur
de joie et favorisant l'espoir d'un nouveau départ. La simplicité et la positivité intégrées au concept stimulent les centres de
récompense du cerveau, créant un sentiment d'enthousiasme et
d'anticipation pour le voyage transformateur à venir.

Dans le grand théâtre de l'esprit, SAHUTUGA occupe
le devant de la scène, dirigeant une symphonie de joie et

d'espoir. Alors que les neurones dansent au rythme de leur musique, le concept devient une force de transformation, en résonance avec le désir inhérent d'unité et d'un avenir meilleur. SAHUTUGA, dans sa simplicité, apparaît comme un puissant catalyseur, libérant la joie et allumant la flamme de l'espoir dans les cœurs et les esprits d'une nation au bord de la transformation.

Jerry Bergman, Ph.D., déclare : « Le cerveau humain possède environ 1×10^{11} neurones qui s'interconnectent les uns aux autres 1×10^{15} fois (de manière changeante). Tout cela avec un poids d'environ 1,5 kg et un volume de 1 300 centimètres cubes. Cela suffit pour nous dire qui nous sommes : nos croyances, nos préférences politiques, nos prédilections sportives et de qui nous tombons amoureux.

https://crev.info/2022/03/brain-files-logically

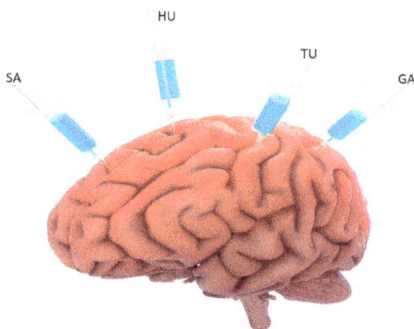

BIENVENUE AU BURUNDI SAHUTUGA

La phrase « **Un pays peut-il naître en un jour, ou une nation peut-elle naître en un instant ?** » est une question rhétorique qui remet en question l'idée de création ou de transformation instantanée ou immédiate d'un pays ou d'une nation. Cela vient du passage biblique d'Isaïe 66 : 8 : « *Qui a déjà entendu parler de telles choses ? Qui a déjà vu des choses pareilles ? Un pays peut-il naître en un jour, ou une nation naître en un instant ? Car dès que Sion est en travail, elle enfante ses enfants.* »

Le passage souligne métaphoriquement que des changements significatifs et durables, tels que la naissance d'un pays ou la formation d'une nation, nécessitent généralement du temps, des efforts et un processus de développement. Ces processus de transformation ne s'accomplissent pas facilement et rapidement mais nécessitent une progression, une croissance et une maturation progressives.

Dans un sens plus large, l'expression peut souligner la complexité, les défis et les complexités impliqués dans la formation, le développement et la stabilité d'une nation. Bâtir un pays ou une nation forte, cohésive et inclusive nécessite une planification minutieuse, des efforts collectifs et une vision à long terme. Elle rappelle que l'édification d'une nation est un processus continu qui implique de multiples facteurs, notamment des considérations historiques, culturelles, sociales et politiques.

Dans un pays démocratique, le rôle d'un dirigeant au pouvoir s'apparente à celui d'un cycliste. Un leader démocrate doit naviguer sur le terrain complexe des opinions diverses, tout comme un cycliste reste en équilibre sur deux roues pour avancer en douceur. Cette analogie établit un parallèle frappant entre le leadership et l'art du cyclisme.

Tout comme un vélo dont la roue arrière est coincée à cause d'un manque d'huile ou des roulements cassés, qui frotte constamment contre la route et qui est incapable de se déplacer en douceur, un dirigeant qui ne tient pas compte des pensées et des besoins du peuple crée des frictions et des discordes au sein du processus démocratique. Le voyage collectif vers une destination commune devient fastidieux et entrave le progrès. L'esprit stagnant du leader, refusant d'embrasser la sagesse du collectif, provoque des retards et des déceptions, laissant les attentes du peuple non satisfaites.

Les dirigeants démocrates ont la responsabilité de guider la nation vers ses objectifs collectifs. Tout comme le cycliste a besoin de ses deux roues pour avancer, un leader démocratique doit exploiter la sagesse collective et les perspectives du peuple pour prendre des décisions efficaces et conduire la nation sur la voie du progrès.

Un dirigeant insensible brise les aspirations et les attentes de la nation. Un leadership efficace nécessite l'intégration des perspectives diverses, garantissant une gouvernance plus fluide et un alignement avec les espoirs et les rêves des citoyens.

UNE LETTRE À NOS CONCITOYENS ET AMIS

Chers concitoyens et amis,

Alors que le soleil se lève sur notre terre bien-aimée, ses rayons chauds illuminent un chemin qui nous fait signe vers un avenir meilleur : une ère de promesses, d'unité et de potentiel illimité. Le cœur débordant de nostalgie, nous vous invitons à vous lancer dans un voyage qui transformera à jamais le récit de notre nation. Le moment est venu de reconstruire, de guérir et de semer les graines d'un avenir prospère dans le sol fertile de notre identité collective.

Aujourd'hui, nous sommes à la veille d'une nouvelle aube alimentée par une profonde aspiration au changement et à l'unité. Les pages de l'histoire se sont tournées et, en tant qu'architectes de notre destin, nous tenons la plume qui écrira un récit de rédemption, de progrès et d'unité.

Burundi SAHUTUGA – le nom qui résonne désormais aux quatre coins de notre pays – reflète notre transformation collective. Il incarne notre engagement à dépasser les divisions manufacturières et à adopter une identité commune transcendant les étiquettes. C'est un nom qui fait écho aux espoirs de générations et symbolise l'unité de notre objectif et la puissance de notre volonté collective.

La nostalgie qui nous serre le cœur n'est pas la nostalgie du passé mais celle des possibilités qui nous attendent. C'est la nostalgie d'une époque où nos enfants marchent dans les rues sans crainte, où nos communautés prospèrent et où notre nation est un phare de progrès. Le moment est venu de transformer ces aspirations en réalité.

En tant que citoyens et amis du Burundi SAHUTUGA, l'appel à l'action est clair. Il est temps de retrousser nos manches, de nous donner la main et de travailler sans relâche pour reconstruire notre nation. Notre engagement envers l'unité, la compassion et le progrès nous guidera alors que nous posons les bases d'une société transformée. Rappelons-nous que le passé ne nous définit pas, mais il nous façonne. Et aujourd'hui, nous sommes unis pour façonner un avenir qui rayonne d'espoir et de possibilités. Nous tendons la main à chaque citoyen et vous invitons à vous joindre à cet effort historique. Votre voix, vos compétences et votre passion font partie intégrante du succès de notre mission. Rassemblons-nous autour de cet appel à l'action : reconstruire notre nation, cultiver l'harmonie et créer des opportunités pour élever chaque membre de la société.

À nos amis au-delà de nos frontières, nous vous invitons à nous soutenir dans notre voyage vers un avenir meilleur. Votre solidarité, votre expertise et votre partenariat amplifieront l'impact de nos efforts et renforceront notre engagement en faveur du changement.

Le moment est venu, chers citoyens et amis, le moment de reprendre le destin de notre nation et de façonner un héritage qui résonnera pendant des générations. Ensemble, donnons vie au rêve du Burundi SAHUTUGA, un paradis d'espoir, de progrès et d'aspirations partagées.

Dans un esprit de convivialité, nous vous invitons tous. Rejoignez-nous alors que nous nous engageons dans la reconstruction, la guérison et le progrès. Vos compétences, votre passion et votre dévouement sont les éléments constitutifs de notre nation transformée. Embrassons la nostalgie d'une époque de nos rêves et donnons vie à ces rêves.

Le chemin à parcourir ne sera pas sans défis, mais la force de notre unité nous permettra d'y parvenir. Faisons l'histoire ensemble, non pas à travers les batailles du passé mais à travers les victoires du futur. Le moment est venu et l'opportunité est à nous.

Avec de l'espoir dans nos cœurs et un désir nostalgique d'un avenir meilleur,

A M

Architecte de la Nation Transformée

Burundi SAHUTUGA

CHAPTER IX

EMBRASSER LE VOYAGE DU RENOUVELLEMENT

Dans les moments calmes d'introspection, une prise de conscience nous apparaît : la nécessité d'un changement d'état d'esprit, d'une nouvelle perspective qui insuffle une nouvelle vie à nos expériences. Comme si nous lacions des chaussures à nouveau, nous nous embarquons dans un nouveau départ, celui où nous prenons des mesures délibérées pour garantir un ajustement sûr et confortable pour la prochaine partie de notre voyage.

Dénouer les nœuds qui liaient nos pensées et nos croyances c'est nous libérer. Nous nous libérons doucement des contraintes du passé, nous accordant la liberté d'explorer de nouvelles voies et possibilités. Alors que nous dénouons les fils serrés des anciennes habitudes et modèles, nous reconnaissons que notre état d'esprit n'est pas une pierre mais une toile prête à être repeinte.

À chaque nœud dénoué, nous abandonnons les croyances limitantes qui auraient pu nous retenir. Nous nous débarrassons du poids du doute de soi et du discours intérieur négatif, créant ainsi un espace propice à la positivité et à l'autonomisation. Nous remettons en question les hypothèses qui nous étaient autrefois chères, remettant en question leur validité et nous ouvrant à des perspectives alternatives.

En laçant à nouveau nos chaussures, nous faisons preuve de prudence et de pleine conscience. Chaque dentelle est enfilée avec intention, symbolisant nos étapes résolues vers un changement de mentalité positif. Nous abordons cette tâche avec patience, sachant que la transformation est un processus graduel qui nécessite des efforts et un dévouement constants.

En faisant les nœuds méticuleusement, nous trouvons stabilité et sécurité dans notre nouvel état d'esprit. Nous sommes convaincus que nous pouvons façonner nos pensées et nos attitudes, en les orientant vers la croissance et l'auto-amélioration. Tout comme des chaussures bien lacées constituent une base stable pour le voyage à venir, un état d'esprit bien ajusté nous permet de relever les défis de la vie avec résilience et grâce.

Nouer à nouveau nos chaussures nous invite à embrasser la beauté du moment présent. Cela nous pousse à être pleinement présents dans le processus de changement et à savourer chaque étape que nous franchissons sur ce chemin de transformation. Nous apprécions le voyage, reconnaissant que la croissance et le renouveau se déroulent dans les moments quotidiens de conscience de soi et d'auto-compassion.

Grâce à ce changement de mentalité, nous nous ouvrons aux possibilités infinies qui se présentent à nous. Nous accueillons la curiosité et l'adaptabilité comme compagnons de notre voyage, les invitant à nous guider vers de nouvelles perspectives et opportunités. Nous trouvons le courage d'accepter l'incertitude, en comprenant que c'est le terrain fertile où s'enracine la croissance personnelle.

Dans les moments d'introspection, nous célébrons les progrès que nous avons réalisés. Tout comme chaque nœud noué témoigne de notre engagement en faveur du changement, chaque petit changement de mentalité devient un tremplin vers une transformation personnelle. Nous reconnaissons que chaque pas en avant, aussi petit soit-il, nous rapproche de la personne que nous aspirons à devenir.

Attacher à nouveau ses chaussures n'est pas un événement singulier mais une pratique de toute une vie. Alors que nous voyageons à travers la constante évolution de la vie, nous embrassons la fluidité de la croissance, accueillant chaque étape avec un cœur ouvert. Nous honorons l'essence de ce voyage transformateur, reconnaissant qu'il ne s'agit pas d'atteindre une destination mais d'embrasser le processus continu de découverte de soi et de renouveau.

Avec notre état d'esprit solidement lié, nous nous embarquons dans ce voyage exaltant d'auto-évolution, désireux d'explorer les horizons illimités de possibilités qui nous attendent. Parcourons ce chemin avec confiance, sachant que nous avons le pouvoir de façonner notre état d'esprit et, ce faisant, de façonner la trajectoire de nos vies.

CHAPTER X

VERS UN AVENIR DÉMOCRATIQUE

La démocratie transitionnelle

La démocratie transitionnelle est un système de gouvernance conçu explicitement pour les situations post-conflit. Il se concentre sur la reconstruction des institutions démocratiques, l'établissement de l'État de droit, la protection des droits de l'homme et la promotion de la réconciliation. Les démocraties de transition mettent souvent l'accent sur l'unité nationale, la consolidation de la paix et les mécanismes de justice transitionnelle pour répondre aux griefs du passé.

1. **Un pont vers la démocratie : le pouvoir d'un gouvernement uni de transition**

Dans la quête visant à rapprocher une nation d'un système démocratique, la formation d'un gouvernement uni de transition constitue une lueur d'espoir. S'appuyant sur la force collective des partis politiques d'opposition et du pouvoir, aux côtés d'autres groupes essentiels tels que les organisations non gouvernementales (ONG) et les représentants de la diaspora, cette alliance a le potentiel d'ouvrir la voie à un avenir démocratique fondé sur des familles indivisibles et transformées.

Une confluence de perspectives : Un gouvernement de transition formé de divers partis politiques représente une confluence de perspectives. En réunissant les voix des partis d'opposition et des partis au pouvoir, le gouvernement transcende les intérêts partisans et se concentre sur le bien commun de la nation.

Cet amalgame d'idées favorise le dialogue et l'inclusion, permettant l'élaboration de politiques globales répondant aux besoins de tous les citoyens.

Le rôle crucial des ONG : Les organisations non gouvernementales jouent un rôle essentiel dans le processus de transition. En tant qu'acteurs indépendants dédiés à l'amélioration de la société, ils apportent une expertise et des idées précieuses.

Leur engagement garantit que le gouvernement reste responsable envers le peuple et que les politiques soient dans l'intérêt des personnes marginalisées et sous-représentées.

La représentation de la diaspora : l'inclusion des représentants de la diaspora dans le gouvernement de transition renforce le lien entre la nation et sa communauté mondiale. Les membres de la diaspora apportent des expériences et des perspectives diverses, servant souvent de ponts vers des réseaux et des ressources internationaux.

Leur implication favorise un sentiment d'unité entre les citoyens du pays et ceux de l'étranger, faisant de la transformation de la nation une entreprise collective.

Une plateforme solide de familles transformées : Au cœur de ce gouvernement de transition uni se trouve la vision d'une nation fondée sur des familles transformées. Ces familles, libérées des chaînes de division et de conflit, servent de fondement à une société cohésive et harmonieuse.

En donnant la priorité au bien-être et à la prospérité des familles, le gouvernement met en branle un cercle vertueux de progrès qui s'étend des ménages à l'ensemble de la nation.

Un voyage vers les valeurs démocratiques : Le mandat du gouvernement de transition s'articule autour de la promotion des valeurs démocratiques telles que la responsabilité, la transparence et la gouvernance participative. Incarnant ces principes, le gouvernement donne l'exemple aux futures institutions démocratiques du pays.

Ce voyage vers la démocratie n'est pas un processus rapide mais un effort méticuleux qui exige l'engagement et la persévérance de toutes les parties prenantes.

Une responsabilité collective : Le succès du gouvernement de transition repose sur la responsabilité collective de toutes les personnes impliquées. Les partis politiques doivent mettre de côté les gains à court terme et travailler en collaboration pour le bien commun.

Les ONG doivent poursuivre leur plaidoyer en faveur de la justice sociale et de l'égalité, tandis que les représentants de la diaspora doivent faire valoir les perspectives de leurs communautés mondiales.

En conclusion, un gouvernement uni de transition, composé des partis politiques, d'ONG et des représentants de la diaspora, constitue une force puissante pour ouvrir la voie à un système démocratique fondé sur des familles transformées. Grâce à l'inclusion, au dialogue et à la responsabilité, cette alliance de perspectives diverses peut tracer la voie vers un avenir où le bien-être des citoyens demeure primordial.

En tant qu'architectes de notre destin, nous devons reconnaître l'importance de cet effort collectif. Ensemble, main dans la main, cœur à cœur, embarquons-nous dans ce voyage de transformation et de démocratie, guidés par la conviction qu'une nation unie et harmonieuse est à notre portée.

En construisant des ponts entre les factions opposées et en acceptant le pouvoir de la diversité, nous pouvons établir les bases d'une société démocratique où la voix de chaque citoyen est valorisée et où les rêves des familles transformées s'épanouissent.

2. Le pouvoir de la transformation de l'identité, de l'arbre généalogique et du nom de famille de la nation

Dans la trajectoire du progrès, la transformation de l'identité, de l'arbre généalogique et du nom de famille d'une nation constitue un puissant catalyseur vers l'établissement d'un système démocratique. Alors que les citoyens se lancent dans un voyage de découverte de soi, de guérison collective et d'unité, ils ouvrent la voie à un avenir où les idéaux démocratiques pourront s'épanouir et où les voix du peuple pourront façonner le cours de leur nation.

Une identité transformée : Au cœur d'un système démocratique se trouve la reconnaissance de l'action individuelle et du
droit à l'autodétermination. À mesure que les citoyens transforment leur identité, se débarrassent des divisions historiques et
adoptent un sentiment d'humanité partagée, ils établissent les
bases d'une société démocratique. Une identité transformée brise
les barrières qui séparaient autrefois les citoyens, favorisant un
esprit d'inclusion et d'ouverture à diverses perspectives.

**Dans cette transition démocratique, la voix de chaque
citoyen est reconnue et valorisée, quels que soient son origine ou son statut sociétal.** La transformation identitaire permet
aux citoyens de s'engager activement dans la vie civique, de contribuer au discours national et de façonner activement l'avenir
qu'ils envisagent.

Un arbre généalogique transformé : Une société démocratique prospère sur les principes d'unité et de coopération, où diverses voix se réunissent pour rechercher un terrain d'entente. La
transformation de l'arbre généalogique fait partie intégrante de
ce processus. À mesure que les familles font preuve d'empathie,
de compréhension, de respect et de pardon, elles deviennent
des microcosmes d'idéaux démocratiques, où se pratiquent un
dialogue ouvert et la recherche d'un consensus.

Les valeurs cultivées au sein de l'arbre généalogique transformé, que sont la compassion, la justice et l'équité, nourrissent les futurs citoyens investis dans le bien-être de leurs
communautés. Ces futurs citoyens portent l'héritage d'un arbre
généalogique transformé dans la sphère publique, devenant ainsi
des défenseurs de l'équité sociale et des agents de changement
positif.

Le nom d'une nation transformée : Renommer une nation pour refléter l'unité dans la diversité symbolise l'engagement d'une nation envers un avenir démocratique. En reconnaissant les divisions passées et en adoptant une identité commune, le pays symbolise son engagement à construire une société où les voix de tous les citoyens comptent.

Le nom d'une nation transformée devient une force unificatrice, transcendant les affiliations tribales et les étiquettes historiques. Il incarne le principe selon lequel chaque citoyen a un intérêt égal dans la trajectoire de la nation et que ses perspectives et aspirations doivent être entendues et prises en compte dans le processus démocratique.

À mesure que le nom de la nation transformée devient une lueur d'espoir pour les générations futures, il incite les citoyens à participer au processus démocratique. Les citoyens sont encouragés à voter, à dialoguer avec leurs représentants élus et à participer à des activités civiques qui promeuvent le bien-être social et la justice.

La transition démocratique : La transformation de l'identité, de l'arbre généalogique et du nom d'une nation ouvre la voie à une transition douce et réussie vers un système démocratique. À mesure que les citoyens adoptent les valeurs d'empathie, d'inclusion et de respect, ils sont plus susceptibles de favoriser des pratiques démocratiques telles que le dialogue, le compromis et la compréhension mutuelle.

Dans une société démocratique, le gouvernement représente la volonté du peuple. **Grâce à des élections libres et équitables, les citoyens peuvent élire des dirigeants qui reflètent leurs valeurs et leurs aspirations.** La transition démocratique permet aux citoyens de demander des comptes à leurs dirigeants et de participer activement aux processus décisionnels de leur pays.

De plus, une identité transformée, un arbre généalogique et un nom de famille d'une nation créent un environnement dans lequel les perspectives diverses sont accueillies et valorisées. Les systèmes démocratiques prospèrent grâce à la richesse des opinions diverses, car ils conduisent à une élaboration des politiques plus globales et plus équitables.

En conclusion, une identité, un arbre généalogique et un nom d'une nation transformés ouvrent la voie à un avenir démocratique. Ces processus de transformation favorisent l'unité, la guérison et un sentiment de responsabilité collective. À mesure que les citoyens acceptent leur humanité commune, ils participent activement à l'élaboration d'une société démocratique qui défend les principes de justice, d'égalité et d'inclusion. La transition démocratique devient une progression naturelle guidée par l'empathie, le respect et l'engagement à construire un monde plus équitable pour tous. En tant qu'architectes de notre destin, nous reconnaissons le pouvoir de ces transformations pour façonner un avenir où la démocratie prospère et où la voix de chaque citoyen est entendue et respectée.

3. Donner du pouvoir aux citoyens : la transition démocratique de l'identité

Dans le cheminement vers une société démocratique, la transformation de l'identité devient une étape cruciale qui permet aux citoyens de jouer un rôle actif dans l'élaboration du destin de leur nation. Au fur et à mesure que la transition démocratique se déroule, la voix de chaque citoyen est reconnue et valorisée, se libérant des divisions historiques et des contraintes du statut sociétal. La transformation de l'identité devient un puissant catalyseur qui encourage les citoyens à s'engager activement dans la vie civique, à contribuer au discours national et à façonner l'avenir qu'ils envisagent.

Reconnaissance et valeur de la voix de chaque citoyen : Dans une société véritablement démocratique, la voix de chaque citoyen a du poids et de l'importance. La transformation identitaire garantit que les divisions historiques et les hiérarchies sociales ne limitent pas la capacité d'une personne à participer au processus démocratique. Qu'il soit issu des communautés marginalisées ou de milieux privilégiés, chaque citoyen est essentiel à la voix collective de la nation.

La transition démocratique favorise un environnement dans lequel les citoyens se sentent vus, entendus et reconnus. Cette reconnaissance inculque un sentiment d'appartenance et de responsabilité, motivant les citoyens à s'engager activement dans des activités civiques et à s'approprier des affaires de la nation.

Autonomisation pour s'engager dans la vie civique : La transformation de l'identité permet aux citoyens de sortir de la marge et de participer activement à la vie de la nation. Cela les encourage à aller au-delà des simples observateurs et à devenir des agents de changement positif.

Grâce à la transition démocratique, les citoyens comprennent que leur implication est cruciale dans la construction d'une société qui reflète leurs valeurs et leurs aspirations. Ils sont inspirés à se renseigner sur les processus politiques, les questions politiques et les problèmes qui affectent leurs communautés. Cette autonomisation permet aux citoyens de faire des choix éclairés et d'influencer les décisions qui façonnent la trajectoire de la nation.

Contribuer au discours de la nation : Dans une démocratie, le discours public constitue le battement du cœur de la nation. La transformation de l'identité invite les citoyens à participer à des conversations significatives et à apporter leurs perspectives uniques au dialogue plus large.

En s'engageant dans des débats respectueux, les citoyens explorent divers points de vue et formulent des politiques globales qui répondent à tous les besoins. La transition démocratique encourage les citoyens à rechercher un terrain d'entente et à aplanir leurs divergences par le dialogue et la compréhension.

Façonner l'avenir : À mesure que les citoyens adoptent leur identité transformée, ils deviennent des architectes proactifs de l'avenir de la nation. Ils envisagent une société qui incarne leurs valeurs de justice, d'égalité et d'inclusion. Cette vision sert de boussole, orientant leurs efforts vers la construction d'une nation qui reflète leurs aspirations.

La transition démocratique garantit qu'aucun groupe ne domine le discours, mais que la sagesse collective de tous les citoyens façonne le chemin de la nation. Chaque voix contribue à l'éventail d'idées, de propositions politiques et de visions qui définissent l'avenir de la nation.

Dans cette transition démocratique, le pouvoir de la transformation identitaire devient évident à mesure que les citoyens passent du statut de spectateurs passifs à ceux de participants actifs à la gouvernance de la nation. Ils ont abandonné les étiquettes qui autrefois les définissaient étroitement et ont embrassé leur identité commune en tant que citoyens unis par un destin commun.

Grâce à la transition démocratique, la nation puise dans la diversité des idées, des expériences et des perspectives de ses citoyens. Cette inclusivité renforce le tissu social, favorisant la cohésion et la résilience même dans l'adversité.

En conclusion, la transition identitaire démocratique marque un changement profond dans la trajectoire d'une nation. À mesure que la voix de chaque citoyen est reconnue et valorisée, la transformation leur donne les moyens de prendre leur avenir en main. S'engager dans la vie civique, contribuer au discours national et façonner l'avenir qu'ils envisagent deviennent des responsabilités inhérentes à chaque citoyen.

Dans une société transformée, les valeurs démocratiques de représentation, d'équité et d'inclusivité s'épanouissent. En tant qu'architectes de notre destin, nous reconnaissons le pouvoir de la transformation identitaire comme fondement d'une démocratie dynamique et prospère. En amplifiant la voix de chaque citoyen, nous ouvrons la voie à un avenir où les aspirations collectives façonneront le destin de la nation : un avenir de justice, d'égalité et de prospérité pour tous.

4. Un pont vers la stabilité : intégrer les combattants pour la démocratie

Dans le parcours de transformation du Burundi SAHUTUGA, les cicatrices des conflits passés ne pourront guérir complètement que lorsque ceux qui ont défendu des idéaux alignés sur la vision de notre nation trouveront un objectif renouvelé. Les combattants qui ont osé et continue de réclamer un système stable et démocratique pour des élections équitables détiennent un potentiel unique pour contribuer à notre nation unifiée. En leur offrant une voie d'intégration dans l'armée nationale, nous construisons un pont vers un avenir plus stable et démocratique.

Honorer notre engagement : du conflit au service

Pour ceux qui se sont battus pour défendre les principes démocratiques et l'intégrité du processus électoral, une nouvelle opportunité les attend. L'intégration d'anciens combattants dans l'armée nationale reconnaît leur engagement à sauvegarder les valeurs démocratiques. Cette transition constitue un acte de reconnaissance de leur engagement antérieur et de canalisation de leur énergie vers l'objectif collectif de préserver la stabilité et de promouvoir une base démocratique solide.

Répondre aux exigences : maintenir l'excellence

L'intégration des anciens combattants dans l'armée nationale doit être guidée par des critères stricts garantissant l'intégrité, l'efficacité et le professionnalisme de nos forces armées. Ces critères vont au-delà des allégeances passées ; ils comprennent des évaluations rigoureuses des compétences, de la forme physique, de la discipline et de l'aptitude. En adhérant à ces critères, nous construisons une armée robuste, capable et engagée à défendre les valeurs de notre nation.

Une force unifiée : cultiver la cohésion

Le processus d'intégration va au-delà des aspects techniques : il englobe la promotion de l'unité au sein de notre armée nationale. Au fur et à mesure de leur transition vers leurs nouveaux rôles, les anciens combattants suivent une formation, une orientation et un mentorat qui les alignent sur les objectifs plus larges de notre nation transformée. Cette culture de l'unité garantit que des individus issus d'horizons divers peuvent travailler ensemble en toute transparence pour le bien commun.

Les gardiens de la démocratie : protéger le progrès

La présence d'anciens combattants ayant combattu pour la démocratie au sein de notre armée nationale est porteuse d'une symbolique puissante. Ils servent de gardiens de notre système démocratique, nous rappelant l'importance de transitions pacifiques, d'élections libres et d'une gouvernance transparente. Leur présence rappelle que les sacrifices du passé n'ont pas été vains et que l'avenir est prometteur de progrès continus.

Un symbole d'espoir : un objectif renouvelé

L'intégration d'anciens combattants dans l'armée nationale reflète notre engagement à offrir une voie de rédemption, de renouveau et de transformation. En leur permettant de servir leur nation à travers une institution démocratique, nous leur permettons de passer d'une histoire de conflit à un avenir de service. Leur voyage est un symbole d'espoir et un témoignage du pouvoir d'une seconde chance.

Un avenir unifié : avancer ensemble

En accueillant les anciens combattants qui étaient des champions des idéaux démocratiques dans notre armée nationale, nous créons une force unifiée dédiée à la préservation de la stabilité et des valeurs démocratiques. Leur intégration nous rappelle que la transformation de notre nation est un effort collectif dans lequel chacun, quel que soit son passé, peut jouer un rôle central dans la construction d'un avenir meilleur.

Un nouveau chapitre : poursuite de la transformation

Alors que le Burundi SAHUTUGA poursuit son parcours de transformation, l'intégration des anciens combattants dans l'armée nationale témoigne de notre engagement en faveur de l'inclusion, de la réconciliation et de la stabilité. Ce chapitre représente l'occasion de tourner la page du passé et de s'unir pour façonner un avenir démocratique et harmonieux. En soutenant ceux qui ont osé défendre notre nation pour des élections équitables, nous renforçons les fondements de notre société transformée – une société fondée sur l'unité, la démocratie et le progrès.

5. Chemin vers la paix : Désarmement, démobilisation et réintégration (DDR) des jeunes milices

Dans le parcours transformateur du Burundi SAHUTUGA, l'esprit des conflits passés jette une ombre longue. Pour garantir une paix durable et établir les bases d'une société harmonieuse, nous reconnaissons l'importance cruciale du processus de désarmement, démobilisation et réintégration (DDR). Ce chapitre examine les stratégies et les principes qui sous-tendent notre engagement en faveur du DDR, une étape essentielle vers un avenir libéré des entraves de la violence.

Désarmement : briser les chaînes de la violence

Désarmer les jeunes milices est la première étape vers la paix et la stabilité. Grâce à un processus soigneusement coordonné, les armes qui étaient autrefois des instruments de destruction seront collectées en toute sécurité et retirées de nos rues et de nos communautés. Le désarmement ne consiste pas simplement à collecter des armes ; cela libère notre société du poids de la violence et de la menace qu'elle représente pour notre bien-être collectif.

Démobilisation : un pont vers la vie civile

La transition vers la vie civile peut être difficile pour ceux qui ont porté les armes. Pour garantir une réintégration en douceur, nous nous engageons dans un processus de démobilisation complet qui assure un passage en toute sécurité de la vie militaire à la vie civile et offre un soutien psychologique et émotionnel. L'accès aux services de conseil, de guérison des traumatismes et de santé mentale constituera le fondement de cette phase, permettant aux anciens miliciens de se débarrasser de leurs anciens rôles et d'adopter de nouvelles identités d'agents de paix.

Réintégration : construire de nouveaux horizons

La réintégration est plus qu'un retour à la vie quotidienne ; c'est une opportunité de renaissance. Les miliciens seront réintégrés dans la société selon une approche globale comprenant une formation professionnelle et des opportunités de subsistance. En offrant des voies d'autonomisation économique et de croissance personnelle, nous cherchons à éliminer les facteurs de violence et à créer des voies vers la prospérité. Cette approche holistique s'attaque aux causes profondes des conflits, favorisant un environnement où l'attrait de la violence n'est rien comparé à la promesse d'un avenir meilleur.

S'attaquer aux causes profondes : une approche holistique

Le processus DDR ne se limite pas aux mécanismes de désarmement, de démobilisation et de réintégration. Elle est profondément ancrée dans la lutte contre les facteurs sous-jacents qui alimentent les conflits. Burundi SAHUTUGA s'engage à lutter de front contre la pauvreté, les inégalités et la marginalisation,

en démantelant les forces structurelles qui perpétuent la violence.
En fournissant un accès à l'éducation, aux soins de santé et aux
opportunités économiques, nous cherchons à créer un environnement dans lequel la violence devient obsolète face à l'attrait
du progrès.

Préserver l'avenir : prévenir un retour à la violence

Le processus DDR n'est pas un événement solitaire mais un
engagement continu à sauvegarder l'avenir. Notre nation sur-
veillera et soutiendra les progrès des personnes réintégrées, en
leur fournissant un mentorat, des conseils et un soutien continu
tout au long de leur nouvelle vie. En empêchant un retour à la violence, le Burundi SAHUTUGA reconnaît que la construction
d'alternatives durables est primordiale pour garantir un avenir
pacifique aux générations futures.

L'unité dans la transformation : un parcours partagé

Le voyage du DDR n'est pas un voyage que les individus
entreprennent seuls : il s'agit d'un effort partagé, d'une marche
collective vers la paix. Le gouvernement, la société civile, les
partenaires internationaux et, plus important encore, les citoyens
du Burundi SAHUTUGA doivent travailler main dans la main
pour assurer le succès du processus DDR. En offrant une seconde chance à ceux qui ont autrefois brandi des armes, nous ne
transformons pas seulement les individus, mais nous façonnons
le tissu même de notre société.

**En favorisant un environnement de guérison, de croissance
et d'opportunités, nous semons les graines de la réconciliation qui fleuriront dans un avenir sans violence.** Le processus
DDR témoigne de notre engagement en faveur d'une nation

transformée qui valorise ses citoyens, démantèle les vestiges du conflit et ouvre la voie à un avenir d'unité, de paix et de progrès.

6. Election des Dirigeants

Dans notre nation transformée, l'élection des dirigeants prend un nouveau sens. Plutôt que d'être motivé par des intérêts sectaires qui divisent, il est guidé par une vision partagée de l'avenir du Burundi SAHUTUGA. Les étiquettes ethniques ou tribales ne confinent pas nos dirigeants ; Ils sont des architectes d'une nation unie, prospère et sûre. Les codes sociaux tels que SA, HU, TU et GA ne susciteraient pas d'inquiétude parmi les citoyens si ce concept était appliqué, car ils savent qu'ils sont tous des frères et ils font confiance à leurs dirigeants pour la paix, la sécurité et la prospérité.

Cette transformation repose sur la reconnaissance du fait que nos divisions passées n'ont fait qu'entraver nos progrès et engendrer des souffrances. Il est temps de tourner la page et d'entrer dans une nouvelle ère où l'intérêt national prime sur toute autre considération.

Dans le concept SAHUTUGA, les dirigeants sont élus sur la base de leur engagement en faveur du développement national, de la paix et de leur vision d'un avenir prospère et harmonieux. Les citoyens, quelle que soit leur origine, se réunissent pour choisir les personnes qui guideront notre nation vers un avenir meilleur.

L'accent est mis sur les politiques et les programmes qui élèvent tous nos citoyens, sur les infrastructures qui relient nos communautés, sur l'éducation qui responsabilise nos jeunes et sur les opportunités qui enrichissent la vie de chaque citoyen.

Une fois élus, nos dirigeants représentent la volonté collective du peuple d'aller au-delà des divisions du passé.

Dans cette vision, les anciens codes ne tiennent plus. Au lieu de cela, un nouveau code émerge, celui de l'unité, du progrès et de la prospérité partagée. La confiance des citoyens dans leurs dirigeants n'est plus déterminée par les affiliations ethniques ou tribales mais par leur capacité à conduire la nation vers un avenir où chaque Burundais SAHUTUGA est fier d'appeler cette terre chez-soi.

Le concept SAHUTUGA est un puissant rappel que nous pouvons nous libérer des entraves du passé et tracer la voie à suivre en tant que nation unie. La sélection de nos dirigeants n'est pas une question de « nous contre eux » mais une affirmation que nous sommes tous dans le même bateau. Les yeux rivés sur un horizon commun, nos dirigeants nous guident vers un Burundi SAHUTUGA qui ne connaît aucune division, seulement l'unité.

CHAPTER XI

LA TOILE DE LA MATERNITÉ

1. Entretenir la tapisserie de la diversité

Dans la symphonie de la création, le ventre d'une mère apparaît comme une toile sacrée, un royaume où les coups de pinceau de la vie prennent forme et où les identités s'épanouissent. Tout comme un paysage recèle le potentiel de nombreuses espèces végétales, le ventre d'une mère abrite le potentiel de nombreuses vies. Ce chapitre explore le profond parallèle entre le pouvoir nourricier de la terre et l'étreinte de la maternité, révélant la vérité impressionnante selon laquelle, dans chaque ventre de notre mère, se trouve le destin de notre nation transformée, délicatement tissé.

Les graines de vie et modèle d'identité. Dans le vaste royaume de la nature, les graines sont la promesse d'innombrables espèces végétales, chacune avec ses caractéristiques et sa beauté uniques. En parallèle, le ventre de la mère peut contenir les germes des diverses identités de l'humanité : **Sangwabutaka (Twa), Hutu, Tutsi, Ganwa,** et bien d'autres encore. Tout comme les graines constituent le modèle des plantes, le code génétique humain a le potentiel de donner naissance à des individus dotés d'identités, de traits, d'origines et de destins différents. Dans le sanctuaire de l'utérus, commence le voyage de ces identités, nourries par le corps et l'esprit de la mère.

Les nutriments nécessaires à l'éducation : la diversité prospère. Tout comme une terre fournit des éléments nutritifs pour soutenir diverses plantes, le corps d'une mère fournit l'environnement nourrissant essentiel à l'épanouissement de vies diversifiées. Le sang de la mère soutient la croissance de l'embryon, tout comme le sol offre les nutriments nécessaires à la germination des graines. Chaque vie nourrie dans l'utérus témoigne de l'incroyable capacité du corps humain, un vaisseau qui nourrit et soutient la diversité qui façonne l'identité de notre nation.

Célébrer l'individualité et l'unité. La symphonie de la diversité se joue dans le sanctuaire de l'utérus. Tout comme les différents éléments d'un paysage s'unissent pour créer un écosystème harmonieux, les attributs uniques de chaque identité convergent dans l'étreinte de la nation. L'unité de notre nation transformée n'émerge pas du conformisme mais de la célébration de l'individualité – une harmonie qui naît de la reconnaissance que chaque identité apporte sa mélodie unique à la grande composition de notre récit commun.

Une tapisserie tissée avec soin. Alors que le corps de la mère nourrit soigneusement chaque vie en développement, notre nation transformée nourrit également soigneusement les diverses identités qui composent son tissu. Chaque identité apporte une histoire, une histoire et une contribution unique qui enrichit le récit collectif. Le tissage de cette tapisserie est un acte d'amour : une affirmation que notre nation trouve sa force, sa beauté et sa résilience dans la tapisserie de son peuple.

Autonomiser les générations. Tout comme les graines ont le potentiel de propager les générations végétales futures, l'adoption nourricière de la maternité propulse de nouvelles générations d'identités vers l'avant. Le cycle de la vie continue, chaque identité semée a du potentiel de s'épanouir en une force de progrès et de transformation. L'héritage du ventre de la mère devient l'héritage de notre nation – un héritage qui témoigne du pouvoir de la diversité, de l'esprit d'unité et de l'adhésion nourricière d'une identité transformée.

En réfléchissant au parallèle entre le potentiel d'un paysage pour des plantes variées et le potentiel du ventre d'une mère pour des identités diverses, nous découvrons une vérité profonde : l'étreinte du ventre est une toile sur laquelle est peint le destin de notre nation. Tout comme le paysage prospère grâce à la coexistence de différentes plantes, notre pays prospère également grâce à la coexistence d'identités diverses. Tout comme le ventre de la mère nourrit la vie, notre nation nourrit également ses différents citoyens – un lieu où l'individualité est chérie, l'unité célébrée et la promesse d'une identité transformée prend racine et s'épanouit.

En tant qu'architectes de notre destin, nous devons être ouverts à la découverte et à la redécouverte de soi. Tout comme la création de Dieu s'est déroulée étape par étape, notre compréhension de soi s'approfondit avec le temps et l'expérience.

Nous apprenons de la tapisserie de notre passé, tirons notre force de notre présent et envisageons les possibilités de notre avenir.

2. Saisons de l'identité : Embrasser notre destin au Burundi SAHUTUGA

Au cœur de la transformation du Burundi SAHUTUGA se trouve une profonde reconnaissance du pouvoir que nous a conféré le Créateur de l'univers. Tout comme Dieu a méticuleusement conçu chaque élément du cosmos, nous, en tant que citoyens de cette nation transformée, possédons la remarquable capacité de façonner notre destin. Inspirés par l'harmonie rythmique des saisons, nous avons choisi d'aligner notre identité sur les mois de notre naissance, ouvrant ainsi un chemin uni vers un avenir meilleur.

Le plan de création : un univers de conception

De la grandeur des galaxies aux détails complexes de la vie terrestre, l'univers se déroule selon des schémas harmonieux. Tout comme Dieu a orchestré la symphonie de la création, nous nous trouvons dans cette magnifique tapisserie dotée de la capacité de mettre en œuvre le changement, la croissance et l'évolution. Ce pouvoir partagé nous relie à l'essence de notre existence et nous permet de façonner le destin de notre nation.

Un reflet du Divin : embrasser notre image

En tant qu'humains, créés à l'image de Dieu, nous portons la responsabilité sacrée de nourrir le monde qui nous entoure. Tout comme Dieu nous a insufflé la vie, nous insufflons la vie à la vision du Burundi SAHUTUGA : unité, progrès et prospérité. Notre capacité à façonner notre identité, libérée des divisions historiques, reflète l'attribut divin de la création elle-même, témoignage de notre rôle d'architecte de notre nation transformée.

3. Mois de naissance : unir identité et destin

Dans la poursuite de l'unité et d'un destin partagé, nous avons choisi d'associer notre identité à nos mois de naissance. Tout comme les saisons annoncent le changement et le renouveau, cet alignement porte un symbolisme profond. **Janvier, Mai et Septembre sont liés aux Sangwabutaka (Twa) ; Février, Juin et Octobre sont associés aux Hutus ; Mars, Juillet et Novembre sont liés aux Tutsis ; Avril, Août et Décembre sont liés aux Ganwa.** Chaque segment de l'année représente non seulement notre identité diversifiée mais harmonieuse.

ORDRE CHRONOLOGIQUE DES CODES SOCIAUX : SAHUTUGA

Janvier==================**SA** (Sangwabutaka)

Février=================**HU** (Hutu)

Mars=================**TU** (Tutsi)

Avril=================**GA** (Ganwa)

Mai==================**SA** (Sangwabutaka)

Juin=================**HU** (Hutu)

Juillet=================**TU** (Tutsi)

Août=================**GA** (Ganwa)

Septembre===============**SA** (Sangwabutaka)

Octobre=================**HU** (Hutu)

Novembre==============**TU** (Tutsi)

Décembre================**GA** (Ganwa)

Une nation holistique : Composantes de l'unité

Dans ce rythme orchestré des mois, notre nation transformée retrouve sa cohésion. Tout comme chaque saison apporte ses éléments uniques à l'environnement, nos composantes identitaires – Sangwabutaka, Hutu, Tutsi et Ganwa – constituent les piliers du Burundi SAHUTUGA. À l'instar du réseau interconnecté de la nature, ces identités tissent le tissu d'une société unie, favorisant la compréhension, le respect et la collaboration.

Une métaphore vivante : le paysage changeant

Tout comme les changements de saisons transforment le paysage, notre approche de l'identité reflète un changement dynamique. Ce changement souligne l'engagement de notre nation à s'adapter, à évoluer et à progresser. Le voyage du Burundi SAHUTUGA est parallèle aux cycles de croissance et de renouveau que l'on trouve dans la nature, où chaque phase contribue au récit plus large du développement et de l'unité.

Un destin défini : les architectes du changement

En profitant de nos mois de naissance pour redéfinir notre identité, nous reconnaissons le privilège sacré de façonner notre destin. Cet acte incarne notre rôle d'intendants d'une nation transformée, d'architectes qui honorent notre passé commun tout en ouvrant la voie vers un avenir unifié. Tout comme le dessein de Dieu est tissé dans le tissu même de notre univers, notre identité au Burundi SAHUTUGA reflète notre engagement envers l'amélioration de nous-mêmes et de notre nation.

L'unité dans la diversité : un don et une responsabilité

Avec l'unité comme fil conducteur, nous embrassons la diversité qui enrichit notre société. Nous reconnaissons qu'en harmonisant notre identité, nous forgeons un destin qui transcende les divisions et favorise une culture de compassion, de respect et de progrès. Alors que les saisons de l'identité se déroulent dans notre nation transformée, puissions-nous nous rappeler de notre profonde interconnexion et l'héritage durable que nous façonnons pour les générations à venir.

4. Harmonie dans la diversité : les graines de l'unité nées dans la même famille

Dans le paysage enchanteur de notre nation transformée, la beauté de la diversité fleurit du sol même sur lequel nous marchons. Tout comme un seul champ nourrit une tapisserie de cultures, chacune ayant ses qualités uniques, nos familles prospèrent grâce à un riche mélange d'identités. Tout comme les haricots, le maïs, les pommes de terre et le manioc coexistent harmonieusement dans un même champ, des individus tels que Sangwabutaka, Hutu, Tutsi et Ganwa peuvent naître dans la même famille. **Au sein d'une famille, les individus naissent avec des « codes sociaux » différents, comme Sangwabutaka, Hutu, Tutsi ou Ganwa, selon le mois de leur naissance.**

Cette merveilleuse analogie met en lumière la vérité indéniable selon laquelle nos identités ne sont pas des compartiments rigides mais des fils tissés ensemble pour créer le tissu vibrant du Burundi SAHUTUGA. Le sol de notre nation ne fait aucune discrimination ; il offre une étreinte nourrissante à tous ceux qui y sont nés, quelle que soit leur affiliation. Comme les cultures partagent la même terre, les familles partagent le même air, la même eau et la même histoire.

Le rythme de la vie ne s'arrête pas aux divisions, et nos cœurs ne devraient pas non plus s'arrêter. Les saisons changent, le soleil se lève et se couche, et les liens familiaux restent intacts malgré tout. Les histoires chuchotées par les vents qui bruissent dans les feuilles portent en elles les leçons d'unité ancrées dans l'ADN même de notre terre.

Imaginez la beauté d'une famille réunie autour d'une table, partageant des repas, des histoires et des rires. Imaginez maintenant cette famille composée de membres Sangwabutaka, Hutu, Tutsi et Ganwa, leurs identités diverses s'entremêlant pour créer une riche tapisserie d'expériences. Tout comme les récoltes contribuent à un festin nourrissant, nos origines enrichissent le récit collectif de notre nation.

Ce chapitre de notre voyage souligne que nos identités ne sont pas des entités distinctes mais des fils tissés ensemble par le fil conducteur d'être des citoyens burundais SAHUTUGA. Comme des plantes nourries par le même soleil et la même pluie, nous partageons les mêmes ressources, opportunités et responsabilités qu'offre notre nation transformée.

Tout comme un champ nécessite soin et attention pour que ses richesses puissent prospérer, notre nation a besoin d'unité et de compréhension pour atteindre son plein potentiel. Alors que Sangwabutaka, Hutu, Tutsi et Ganwa coexistent dans la même famille, acceptons la vérité selon laquelle nos destins sont liés en tant que citoyens du Burundi SAHUTUGA. Le même soleil qui réchauffe un cœur nous réchauffe tous, et les mêmes pluies qui nourrissent une âme nous nourrissent tous. Soyons unis dans notre diversité, témoignage vivant du fait que dans le jardin de notre nation, les plus belles fleurs s'épanouissent lorsque toutes ont la chance de s'épanouir.

CHAPTER XII

EMBRASSER NOTRE DESTIN D'ARCHITECTES DU CHANGEMENT

1. Le pouvoir de façonner notre vie

Au cœur de notre nation, un profond réveil s'est enraciné. Nous, les citoyens, avons pris conscience que nous détenons le pouvoir de déterminer le cours de notre destinée. Ne nous contentant plus d'être des spectateurs passifs dans le grand théâtre de la vie, nous nous sommes levés en tant qu'architectes du changement, déterminés à façonner un avenir qui résonne avec les idéaux qui nous sont chers.

Avec une détermination inébranlable, nous nous embarquons dans un voyage qui transcende les gains personnels et les ambitions éphémères. Notre vision s'étend bien au-delà de l'horizon, car nous comprenons que nos choix d'aujourd'hui se répercuteront à travers les couloirs du temps, affectant les générations à venir.

Nous reconnaissons que la transformation n'est pas un chemin facile, ni la poursuite d'une âme solitaire. C'est un effort collectif, une symphonie de mains jointes dans l'unité. En tant que citoyens de cette nation, nous reconnaissons que nous sommes liés par un fil invisible qui nous traverse le cœur : une responsabilité partagée de laisser derrière nous un héritage d'espoir et de durabilité.

Notre voyage commence par un engagement inébranlable envers des pratiques durables. Nous sommes conscients de notre impact environnemental et de l'équilibre délicat entre progrès et préservation. Chaque décision que nous prenons, que ce soit au niveau individuel ou communautaire, est imprégnée d'une conscience environnementale qui cherche à harmoniser nos progrès avec le bien-être de la Terre.

Nous marchons doucement sur la terre, car nous comprenons que sa splendeur n'est pas à nous pour l'exploiter de manière imprudente. En tant que gardiens bienveillants, nous reconnaissons notre rôle de gardiens de cette précieuse planète. La sagesse de nos ancêtres sert de guide, nous rappelant l'interdépendance de toute vie et l'importance de nourrir la terre qui nous soutient.

Notre engagement à protéger l'environnement est évident, depuis les villes animées jusqu'aux campagnes tranquilles. Nous plantons des arbres pour rajeunir les terres, protégeons les espèces menacées pour garantir la biodiversité et plaidons en faveur de sources d'énergie durables pour réduire notre empreinte carbone. Grâce à l'éducation et à la sensibilisation, nous donnons à chaque citoyen les moyens de devenir un défenseur du changement, favorisant ainsi un sentiment de gestion de l'environnement qui transcende les générations.

Le parcours des pratiques durables témoigne de notre croyance inébranlable en un avenir meilleur. Nous savons que le chemin à parcourir sera ardu, semé de défis et d'obstacles. Pourtant, à chaque pas que nous franchissons, nous puisons notre force dans la volonté collective de notre peuple et dans la connaissance que nous ne sommes pas seuls dans cette quête d'un avenir durable.

En tant qu'architectes de notre destin, nous embrassons ce voyage transformateur avec un cœur et un esprit ouvert. Les erreurs du passé ne nous lient pas et nous ne sommes pas non plus limités par les limitations qui nous sont imposées. Nous reconnaissons que notre force collective réside dans notre diversité et dans la myriade de voix et d'idées qui s'unissent en harmonie.

Dans le creuset du temps, notre unité forgera une nouvelle identité, un phénix renaissant des cendres du passé. En tant que citoyens, nous avons allumé une flamme d'espoir, illuminant le chemin vers un avenir où règnent le bonheur, la prospérité et la paix. À chaque action durable que nous entreprenons, à chaque petit pas que nous posons sur la terre, nous laissons une marque indélébile sur la tapisserie de l'histoire.

Nous nous trouvons au bord du possible, regardant vers l'horizon de notre destin. Le chemin à parcourir est long, mais nous le parcourons avec courage et conviction, sachant qu'en tant que citoyens, nous avons le pouvoir de façonner un monde que nous pouvons fièrement transmettre aux générations futures. Ensemble, nous semons les graines du changement, cultivant un héritage de durabilité et préservant la splendeur de notre environnement pour tous ceux qui suivront nos traces.

2. Coups de pinceau du changement : les citoyens, architectes de la transformation
    Dans la mosaïque complexe d'une nation, chaque citoyen est une pièce essentielle du puzzle, un coup de pinceau unique sur la toile du changement. En tant qu'architectes de l'avenir de notre nation, nous détenons le pouvoir de brosser un portrait du progrès, de l'unité et de la prospérité. Tout comme un artiste donne vie à une toile par des coups de pinceau délibérés, les citoyens insufflent de la vitalité au tissu social par leurs actions, leurs choix et leur volonté collective. La contribution de chacun, aussi petite qu'elle puisse paraître, crée un effet d'entraînement, s'entrelaçant avec les autres pour former la grande tapisserie de la transformation.
    Reconnaître notre libre arbitre c'est l'allumage de la flamme du changement en nous. C'est la prise de conscience que notre voix compte, que nos actions comptent et que nos convictions peuvent façonner le cours de l'histoire. En reconnaissant ce pouvoir, nous nous débarrassons du voile de passivité et devenons les protagonistes du récit de notre nation.
    Le libre arbitre s'accompagne de responsabilités – une responsabilité profonde de gérer notre nation avec sagesse, empathie et intégrité. En tant que participants proactifs à sa transformation, nous nous engageons activement dans l'édification de la nation, en travaillant ensemble pour créer un environnement dans lequel chaque citoyen peut s'épanouir et contribuer.

Lorsque nous nous unissons en tant que citoyens, nous devenons une force collective, moteur du progrès et façonnant des politiques qui reflètent nos valeurs communes. Nous reconnaissons que la force de notre nation réside dans sa diversité : une palette dynamique de cultures, de croyances et de perspectives. En célébrant cette diversité et en favorisant l'inclusivité, nous nous appuyons sur la richesse de nos expériences collectives, enrichissant la tapisserie de notre nation de teintes vives.

Tout comme un artiste apporte de l'harmonie à un tableau en mélangeant habilement les couleurs, les citoyens favorisent l'harmonie au sein de leur nation en recherchant un terrain d'entente, en acceptant le compromis et en trouvant des solutions qui profitent à tous. Nous mettons de côté les idéologies qui divisent et embrassons le bien commun, car la symphonie de l'unité harmonise la toile du changement.

En tant qu'architectes de la transformation, nous regardons au-delà du présent, imaginant la nation que nous souhaitons léguer aux générations futures. Nous investissons dans l'éducation, l'innovation et les pratiques durables, établissant ainsi les bases d'un héritage durable. En semant les graines du progrès aujourd'hui, nous entretenons un jardin d'opportunités pour les générations à venir.

Notre libre arbitre nous appelle également à être des gardiens de la justice et de l'égalité, en défendant les droits de chaque citoyen et en ne laissant personne de côté. Nous contestons les injustices, affrontons les disparités systémiques et créons des voies permettant à tous de s'épanouir. Nous brossons le portrait d'une société juste et inclusive en habilitant les personnes marginalisées et en garantissant un accès équitable aux opportunités.

Avec notre libre arbitre, nous devenons des champions de l'engagement civique, participons activement aux processus démocratiques et faisons entendre notre voix. Nous votons non seulement comme une expression individuelle, mais aussi comme une déclaration collective de notre engagement à façonner l'avenir de notre nation. Nous engageons le dialogue, encourageant les conversations ouvertes qui conduisent à une meilleure compréhension et coopération.

En tant que coups de pinceau du changement, nous pouvons encore surmonter les défis ou les revers. Nous persévérons avec une détermination sans faille, sachant que la transformation est un voyage itératif et que le progrès passe souvent par des essais et des erreurs. Chaque trait n'est peut-être pas parfait, mais ensemble, ils forment un chef-d'œuvre qui raconte l'histoire de la résilience et de la croissance de notre nation.

Dans la grande galerie de la nation, le coup de pinceau de chaque citoyen s'ajoute à la beauté et à la complexité du portrait collectif. En tant qu'architectes de notre destin, nous peignons avec passion, détermination et amour, créant ainsi un chef-d'œuvre qui résiste à l'épreuve du temps. Grâce à notre agence, nous créons une nation qui brille comme une lueur d'espoir et d'inspiration, inspirant les générations à reprendre leurs pinceaux et à perpétuer l'héritage du changement.

CHAPTER XIII

REDÉFINIR L'IDENTITÉ

1. **Le pouvoir de la citoyenneté dans la reconstruction de la nation**

En tant que citoyens, nous ne sommes pas de simples spectateurs dans le récit qui se déroule dans notre nation ; nous sommes plutôt les architectes de notre destin collectif. Le pouvoir d'opérer le changement réside dans le cœur et dans les mains de chaque citoyen. En reconstruisant notre nation, nous avons une occasion unique d'exploiter ce pouvoir, transformant notre identité en un puissant outil de progrès et de renouveau.

La notion d'identité n'est pas un concept statique mais une force dynamique qui évolue avec le temps et les circonstances. À mesure que le paysage de notre nation se transforme, notre perception de qui nous sommes en tant que citoyens doit également évoluer. Nous devons reconnaître que notre identité n'est pas uniquement liée à notre passé mais s'étend vers l'horizon des possibilités.

La reconstruction d'une nation consiste à réinventer notre identité collective qui transcende les cicatrices et embrasse les valeurs et les aspirations qui unissent les citoyens. Nous nous sommes débarrassé des étiquettes qui nous divisaient autrefois et avons adopté une identité commune fondée sur l'unité, l'inclusivité et l'empathie. Ce faisant, nous éliminons les obstacles qui ont entravé le progrès et ouvrons les portes à de nouvelles opportunités de croissance et de collaboration.

Tout comme les architectes font appel à divers matériaux et techniques pour construire un bâtiment, nous devons nous aussi utiliser les outils à notre disposition pour reconstruire notre nation. Parmi ces outils, la transformation identitaire se démarque comme un instrument puissant. En alignant notre perception de nous-mêmes sur la vision d'une société prospère et harmonieuse, nous créons un réservoir d'espoir et de résilience qui nous propulse vers l'avant.

En tant que citoyens, nous détenons le pouvoir de l'unité, une force qui unit nos diverses voix et aspirations en un chœur harmonieux. Lorsque nous reconnaissons notre humanité commune et accordons la priorité au bien-être de nos concitoyens, nous favorisons un environnement de confiance et de coopération. Nous comblons les fossés qui nous divisent grâce à l'unité, en forgeant une base solide pour reconstruire notre nation.

La reconstruction de notre nation exige également que nous affrontions le passé avec courage et honnêteté. Reconnaître les injustices et les traumatismes historiques nous permet de guérir et de grandir en tant que société. En redéfinissant notre identité, nous apprenons des erreurs passées et tirons notre force de la résilience qui nous a porté à travers l'adversité.

Nous ne devons pas oublier le pouvoir de l'individu dans le processus de reconstruction de la nation. Chaque citoyen est une pièce essentielle du puzzle, un coup de pinceau sur la toile du changement. Lorsque nous reconnaissons notre capacité à façonner le destin de notre nation, nous devenons des participants proactifs dans sa transformation. Nous apportons nos perspectives, nos compétences et nos passions uniques à la tapisserie du progrès.

La transformation de l'identité s'étend au-delà des frontières de notre nation jusqu'à la communauté mondiale. En tant que citoyens du monde, nous adoptons un sens plus large des responsabilités qui reconnaît notre interconnexion avec d'autres pays et peuples. Nous collaborons avec la communauté internationale, apprenant de leurs expériences et partageant les nôtres, favorisant ainsi la croissance et la compréhension mutuelles.

En fin de compte, le pouvoir de reconstruire notre nation réside dans la volonté et l'action collectives de ses citoyens. Le changement commence au sein de chaque individu alors que nous nous engageons à incarner les valeurs que nous cherchons à inculquer à notre société. En tant qu'architectes de notre destin, nous reconnaissons que le processus de reconstruction d'une nation n'est pas une solution miracle mais un voyage continu qui exige un dévouement, une patience et une résilience.

En redéfinissant notre identité, nous transcendons les limites du passé et embrassons les possibilités infinies du futur. Nous assumons notre rôle d'intendants du progrès, de gardiens de l'espoir et d'architectes de l'unité. Avec chaque action que nous entreprenons, chaque choix que nous faisons et chaque valeur que nous défendons, nous posons les bases d'une nation renaissante – une nation définie par la compassion, l'inclusion et un engagement commun à bâtir un avenir meilleur.

CHAPTER XIV

UNE NOUVELLE
IDENTITÉ

1. Redéfinir l'identification des personnes

Tout au long de l'histoire, les dirigeants ont exercé leur autorité pour apporter des changements importants au sein de leur nation, notamment en changeant le nom du pays ou en renommant des points de repère géographiques. De telles actions ont souvent une signification symbolique et historique, signalant une nouvelle ère, un nouveau départ ou une rupture avec le passé. Cependant, un domaine qui est resté relativement intact dans ces processus de transformation est l'identification personnelle des citoyens eux-mêmes.

En tant qu'architectes de notre destin, nous nous trouvons désormais au seuil d'une nouvelle possibilité : un changement révolutionnaire dans la façon dont nous percevons et définissons nos identités. Imaginez un monde où les gens ont la liberté et le pouvoir d'agir pour adopter une identification unique qui s'aligne plus authentiquement avec eux-mêmes et reflète les valeurs d'unité, d'inclusivité et de compassion. **Dans les annales de l'histoire, les dirigeants ont reconnu le pouvoir transformateur des noms et leur influence sur la conscience collective.** Changer le nom d'un pays peut symboliser un sentiment d'identité renouvelé, un départ des idéologies passées ou une déclaration d'unité. De même, renommer des lieux peut être un acte de réconciliation ou un effort pour honorer le patrimoine autochtone de la terre.

Cependant, le changement dans l'identification des gens représente une étape profonde et sans précédent vers la découverte de soi et l'expression de soi. C'est une reconnaissance du fait qu'en tant qu'individus, nous ne sommes pas des entités fixes liées par les noms donnés à la naissance. Au lieu de cela, nous sommes des êtres dynamiques, en constante évolution et méritant un caractère qui résonne avec notre essence la plus profonde.

La redéfinition de l'identification des personnes va bien au-delà d'une simple modification superficielle. Il s'agit d'une déclaration d'autonomie, d'une reconnaissance de la souveraineté de chacun sur son propre récit. En réclamant le droit de choisir notre identification, nous affirmons que nos identités ne sont pas prescrites par d'autres mais créées par nous-mêmes.

Ce processus de transformation nous invite à remettre en question les normes sociétales qui ont dicté la façon dont nous nous percevons. Cela nous met au défi de transcender les limites de la tradition, de la culture et des attentes sociétales, nous permettant de créer une identité qui correspond à nos valeurs, nos passions et nos aspirations.

En acceptant ce changement, nous célébrons la riche diversité de l'humanité. **L'identification de chaque personne devient une tapisserie unique d'expériences, de rêves et de forces qu'elle souhaite perpétuer.** Cette mosaïque d'identités tisse une famille humaine dynamique et harmonieuse où nous célébrons les différences et forgeons l'unité par la compréhension et le respect mutuels.

Comme pour tout changement important, la redéfinition de l'identification des personnes peut rencontrer des difficultés et des résistances. Cependant, il est essentiel de rappeler que ce changement ne consiste pas à effacer l'histoire ou à nier le passé. Il s'agit plutôt d'une opportunité d'élargir nos horizons, de grandir en tant qu'individus et en tant que collectif, et d'avancer avec une vision commune d'unité et de compassion.

Le pouvoir de redéfinir l'identification des gens n'est pas entre les mains de quelques-uns mais dans la volonté collective du peuple. Il s'agit d'un processus démocratique fondé sur l'inclusion et le dialogue ouvert. En nous engageant dans des conversations significatives et en reconnaissant la diversité des perspectives au sein de la société, nous ouvrons la voie à une véritable transformation qui nous responsabilise tous.

En conclusion, redéfinir l'identification des gens est révolutionnaire dans la quête de la découverte de soi et de l'unité. En tant qu'architectes de notre destin, nous honorons notre individualité, célébrons notre caractère unique et acceptons le pouvoir de choisir pour définir qui nous sommes. Dans cette audacieuse récupération de soi, nous semons les graines d'un monde plus compatissant et inclusif, où l'identité de chaque personne est le reflet authentique de sa véritable identité.

2. Redéfinir l'identité pour éradiquer la division entre les citoyens

En poursuivant une société harmonieuse et prospère, nous sommes au bord d'une profonde prise de conscience : la clé pour éradiquer la division entre les citoyens réside dans la redéfinition de notre identité collective. Tout comme les scientifiques recherchent sans relâche un vaccin pour combattre les maladies, nous, en tant qu'architectes de notre destin, avons le pouvoir de découvrir, grâce à l'unité et à la compréhension, un vaccin puissant qui pourra apaiser les divisions qui affligent notre monde.

Dans le paysage actuel, les divisions entre les citoyens sont prédominantes, qu'elles proviennent d'idéologies politiques, de différences culturelles ou de disparités socio-économiques. Ces divisions ont conduit à des fractures au sein des communautés et des nations, entravant le progrès et semant la discorde. Cependant, en redéfinissant notre identité, nous pouvons nous attaquer à la cause profonde de cette division et ouvrir la voie à un changement transformateur vers l'unité.

Redéfinir notre identité ne consiste pas à effacer nos différences ou à imposer à chacun une identité monolithique. Il s'agit plutôt d'une invitation à reconnaître l'humanité qui nous unit tous : les aspirations, les espoirs et les rêves partagés qui transcendent notre individualité. C'est une reconnaissance du fait que, fondamentalement, nous sommes des êtres interconnectés et que notre bien-être est intimement lié au bien-être des autres.

Le vaccin pour l'unité commence par un processus d'autoréflexion et d'introspection. Nous devons examiner les préjugés et les idées préconçues qui ont façonné notre perception de l'autre. En reconnaissant notre ignorance, nous nous ouvrons à la possibilité de croissance et de transformation.

Au cœur de la redéfinition de notre identité se trouve la pratique de l'empathie et de l'écoute active. Nous devons chercher à comprendre les expériences et les perspectives de nos concitoyens, en nous mettant à leur place et en voyant le monde à travers leurs yeux. Grâce à l'empathie, nous brisons les murs de division et cultivons une véritable connexion et compréhension.

Redéfinir notre identité est aussi un acte de guérison collective. Cela implique de reconnaître les blessures du passé, de faire face aux injustices historiques et de travailler ensemble pour tracer la voie de la réconciliation. En reconnaissant la douleur et les traumatismes endurés par des segments spécifiques de notre société, nous créons un environnement d'empathie et de compassion, favorisant un sentiment d'appartenance pour tous les citoyens.

Nous découvrons le pouvoir du dialogue et du discours respectueux pour redéfinir notre identité. Au lieu de nous engager dans des débats qui divisent et alimentent la haine, nous nous réunissons avec un cœur et un esprit ouvert pour engager des conversations constructives. Nous apprenons à trouver un terrain d'entente, en nous concentrant sur des valeurs et des objectifs communs plutôt que de nous attarder sur nos différences.

Alors que le vaccin pour l'unité fait effet, nous assistons à l'émergence d'une action collective. Des citoyens de tous horizons se réunissent pour travailler à une vision commune, transcendant les barrières raciales, religieuses et nationales. Unis dans un objectif commun, nous devenons une formidable force de changement positif, capable de façonner une société fondée sur la compassion et la coopération.

Ce vaccin n'est pas un remède ponctuel mais un engagement continu à favoriser une culture d'inclusion et d'acceptation. En tant qu'architectes de notre destin, nous devons activement cultiver une société qui célèbre la diversité et reconnaît la force qui réside dans notre unité. Nous rejetons la notion de « nous » versus « eux » et acceptons l'idée que nous sommes tous membres de la même famille humaine.

En conclusion, le vaccin permettant d'éradiquer les divisions entre les citoyens est à notre portée. En redéfinissant notre identité, nous exploitons le pouvoir de l'empathie, du dialogue et de l'action collective pour panser les blessures de la division et créer une société plus unie et harmonieuse. En embrassant notre humanité commune et en reconnaissant l'interdépendance qui nous lie, nous ouvrons la voie à un avenir fondé sur l'unité, la compréhension et le respect mutuel. Le voyage vers un monde sans division commence avec chacun de nous alors que nous redéfinissons courageusement notre identité et sommes les catalyseurs d'un changement positif.

CHAPTER XV

L'IDENTITÉ EN ÉVOLUTION CONSTANTE

1. Nous redéfinir en tant qu'architectes du destin
Dans le livre de la Genèse, le Dieu Créateur démontre un acte profond de redéfinition de l'identité à travers le processus de création de l'univers. En tant qu'architectes de notre destin, nous sommes nous aussi appelés à accepter la nature en constante évolution de notre identité, en nous adaptant et en nous redéfinissant en fonction des marées changeantes du temps. Tout comme la création de Dieu s'est déroulée en plusieurs niveaux de complexité, notre identité est une tapisserie tissée à partir des fils d'expériences, de valeurs et d'aspirations qui façonnent notre voyage.

Le récit de la création dans la Genèse nous enseigne que la conception de l'identité de Dieu est dynamique et déterminée.

L'Architecte Divin a méticuleusement conçu, chaque aspect de la création ouvrant la voie à un récit de croissance et de transformation. De même, en tant qu'architectes de notre destin, nous devons reconnaître que notre identité n'est pas immuable mais une expression fluide et évolutive de notre essence. **Tout comme Dieu a séparé la lumière des ténèbres et créé l'ordre à partir du chaos, nous aussi sommes appelés à discerner les différentes facettes de notre identité.** Alors que la vie présente diverses expériences et défis, nous découvrons de nouvelles dimensions de nous-mêmes, nous débarrassant de nos vieilles croyances et embrassant de nouvelles perspectives. Notre identité est une mosaïque de divers traits, pensées et émotions qui façonnent qui nous sommes à tout moment.

En tant qu'architectes de notre destin, nous devons être ouverts à la découverte et à la redécouverte de soi. Tout comme la création de Dieu s'est déroulée étape par étape, notre compréhension de soi s'approfondit avec le temps et l'expérience. Nous apprenons de la tapisserie de notre passé, tirons notre force de notre présent et envisageons les possibilités de notre avenir.

Notre identité est cruciale pour définir notre chemin dans la grande symphonie de l'existence. Tout comme Dieu a créé chaque être dans un but unique, notre identité éclaire nos passions, nos rêves et nos aspirations. Nous embrassons notre authenticité, abandonnons les attentes de la société et acceptons la vérité sur qui nous devons être pour reconstruire notre nation.

De plus, notre identité n'est pas statique mais répond à l'appel du temps. En tant qu'architectes de notre destin, nous devons répondre aux besoins du moment présent. Nous

adaptons notre identité pour répondre aux défis et aux opportunités qui se présentent, tout comme Dieu a réagi au paysage
changeant de la création.

**Redéfinir notre identité implique également de se débar-
rasser des croyances limitantes et des contraintes que l'on
s'impose soi-même.** Tout comme la création de Dieu était sans
limites dans sa diversité, notre identité a un potentiel illimité.
Nous nous libérons des chaînes du doute de soi, embrassant
l'étendue de notre être et nous permettant d'explorer de nouveaux horizons de croissance et d'expression de soi.

**Tout comme Dieu a insufflé la vie à la création, nous
pouvons aussi insuffler la vie à notre identité à travers nos
intentions et nos actions.** Nous insufflons un but à notre identité, en l'imprégnant de l'énergie de la passion et du dévouement.
À chaque pas que nous faisons, nous créons un effet d'entraînement, influençant non seulement nos vies mais aussi celles de
ceux qui nous entourent.

**En redéfinissant notre identité, nous devons également
nous rappeler l'importance de l'autocompassion. Tout comme
Dieu a regardé la création avec amour et a vu qu'elle était
bonne, nous devons nous accueillir avec gentillesse et acceptation.** Nous reconnaissons que la croissance est un voyage et que
notre identité est un travail en cours, un chef-d'œuvre. **Redéfinir
notre identité en tant qu'architectes de notre destin n'est
pas linéaire mais cyclique.** Tout comme les saisons changeantes
dans la nature, notre identité traverse des cycles de croissance, de
perte et de renouvellement. À chaque cycle, nous nous affinons
et nous redéfinissons, évoluant continuellement vers la meilleure
version de qui nous pouvons être.

En tant qu'architectes de notre destin, nous répondons à l'appel à redéfinir notre identité en harmonie avec le rythme du tem

p.s Nous honorons la nature dynamique de notre être, en restant ouverts aux possibilités qui nous attendent. À travers ce voyage de découverte et de redécouverte de soi, nous dévoilons le chef-d'œuvre de notre identité, témoignage de notre place unique dans la grande symphonie de l'existence.

2. La famille comme catalyseur de la transformation sociétale : adopter l'unité au-delà des affiliations tribales
La transformation d'une société est un processus à multiples facettes qui trouve ses racines au sein de la famille, un microcosme de la communauté au sens large dans lequel les individus sont identifiés aux **« codes sociaux » différents, telles que Sangwabutaka, Hutu, Tutsi, ou Ganwa au sein d'un même groupe de famille, en fonction de leur mois de naissance.** Cependant, alors que nous nous engageons dans un voyage de guérison et de progrès, la famille devient le catalyseur de l'unité au-delà de ces affiliations tribales, nourrissant ainsi une société fondée sur l'empathie, la compréhension et le respect mutuel.

Faire tomber les barrières historiques : Les diverses identités au sein d'une famille, historiquement séparées par de « fausses tribus », offrent l'occasion de faire tomber les barrières qui les divisaient autrefois. Lorsque les membres de la famille se réunissent, ils partagent leurs expériences, leurs joies et leurs chagrins quotidiens. Ce lien partagé favorise une parenté qui transcende les étiquettes artificielles et les divisions historiques.

Les familles peuvent affronter les blessures historiques en s'engageant dans des conversations ouvertes et honnêtes sur le passé, en œuvrant au pardon et à la réconciliation. Ce processus leur permet de construire des ponts de compréhension, démantelant les préjugés qui définissaient autrefois leurs relations.

Favoriser l'empathie et la compassion : à mesure que les membres d'une famille de différentes « fausses tribus » se réunissent, ils acquièrent un aperçu unique des expériences et des perspectives de chacun. Cet échange expérientiel nourrit l'empathie et la compassion alors que les individus commencent à voir le monde à travers les yeux des autres.

L'empathie stimule la transformation sociétale à mesure que les membres de la famille apprennent à reconnaître et à comprendre la douleur et les luttes de chacun. Cette nouvelle compassion s'étend au-delà de la cellule familiale, la guidant vers l'accueil d'autres membres de la communauté avec une ouverture et une compréhension similaire.

Cultiver une identité partagée : À mesure que la famille transcende les limites des « fausses tribus », elle développe une conscience collective qui les lie ensemble.

Les membres de la famille construisent une base solide pour la transformation sociétale en se concentrant sur leurs valeurs et aspirations communes. Cette identité partagée rappelle que l'unité ne se définit pas par des affiliations tribales mais par un engagement à construire une société juste et équitable.

Montrer l'exemple : La transformation au sein de la famille devient un modèle pour la communauté au sens large. En adhérant à l'unité au-delà des « fausses tribus », ils deviennent des agents de changement, inspirant les autres à emboîter le pas. En donnant l'exemple, la famille démontre que la transformation sociétale commence par les efforts collectifs des individus. Leurs actions en disent long, montrant à la communauté qu'embrasser l'unité et briser les barrières tribales est possible et essentiel pour construire une société prospère. Cet effet d'entraînement s'étend au-delà de la famille, puisque les voisins, amis et connaissances sont encouragés à remettre en question leurs idées préconçues et leurs préjugés.

Célébrer la diversité : Alors que la famille transcende les limites des affiliations tribales, elle célèbre sa diversité comme une source de force. Chaque membre apporte des perspectives, des compétences et des expériences uniques qui enrichissent le parcours collectif de la famille.

Cette célébration de la diversité devient un puissant récit de transformation sociétale. Il promeut la compréhension que l'unité n'implique pas l'effacement des identités individuelles mais plutôt leur chérissements et leur intégration dans une tapisserie vibrante de coexistence.

Nourrir les générations futures : La transformation de la famille façonne les perspectives des générations futures. Les enfants élevés dans un environnement d'unité et d'empathie grandissent avec un engagement inhérent envers une société libre de divisions historiques.

En transmettant au monde les leçons apprises de leur famille, ils deviennent des ambassadeurs de la transformation sociétale. Le cycle de guérison et de progrès se poursuit à mesure qu'ils transmettent les valeurs d'unité, de respect et d'inclusion à leurs propres familles et communautés.

En conclusion, la transformation de notre société commence au sein de la famille – un espace dynamique où les individus identifiés aux différents « codes sociaux » peuvent se rassembler et embrasser l'unité au-delà de ces divisions historiques. En tant qu'architectes de notre destin, nous reconnaissons que la famille joue un rôle central dans la construction d'une société fondée sur l'empathie, la compréhension et le respect mutuel.

En faisant tomber les barrières, en favorisant l'empathie et en célébrant la diversité, la famille devient un puissant catalyseur de transformation sociétale. Les leçons apprises au sein de la cellule familiale s'étendent au-delà de ses frontières, nous guidant vers un avenir meilleur où l'unité prévaudra et où un engagement collectif en faveur du progrès remplacera les divisions historiques.

3. Entretenir le jardin de l'amour en famille

Dans le paysage fertile d'une famille, planter ne consiste pas seulement à semer des graines dans le sol, mais aussi à semer les graines de compassion, de gentillesse et d'empathie dans le cœur de ses membres. Comme de jeunes arbres tendres, ces graines peuvent paraître petites et discrètes au départ, mais leur potentiel de floraison et de floraison est illimité. En tant qu'architecte de l'amour et de la compréhension, la famille joue un rôle central en nourrissant ces graines, en les arrosant d'actes d'amour, de compassion et d'acceptation.

Semer la graine de la compassion, c'est cultiver un profond sentiment d'empathie au sein de la famille. C'est la capacité de se mettre à la place de l'autre, de ressentir les joies et les peines et d'offrir une étreinte solidaire.

La compassion renforce le lien familial, favorisant un environnement où chaque membre se sent vu, entendu et valorisé. La gentillesse, comme une douce brise, traverse le jardin familial, nourrissant les semis de connexion et d'affection. C'est la pratique de petits gestes de prévenance, de considération et de générosité qui donnent vie aux relations. La gentillesse devient le baume qui guérit les blessures et apporte du réconfort aux cœurs fatigués dans les moments de vulnérabilité et de conflit.

L'empathie est la boussole qui guide la famille, orientant chaque membre vers une compréhension plus profonde et une harmonisation émotionnelle. Il favorise une communication ouverte et une écoute active, créant un espace sûr pour partager des pensées, des sentiments et des aspirations. L'empathie est la clé qui ouvre les portes du respect mutuel et renforce l'unité de la famille.

Tout comme les jardins nécessitent des soins diligents, les graines de compassion, de gentillesse et d'empathie d'une famille exigent un soin constant. Du temps et de l'attention doivent être consacrés à s'occuper de ces pousses tendres. Les membres de la famille doivent être à l'écoute des besoins et des émotions de chacun, offrant réassurance, soutien et validation. Arroser ces graines implique des actes d'amour qui se répandent dans la famille comme une douce pluie. C'est dans les câlins affectueux partagés au début de la journée, les mots d'encouragement murmurés dans les moments difficiles et les rires qui résonnent à travers les murs, unissant les cœurs dans la joie.

La compréhension sert de sol riche en nutriments, soutenant le jardin de l'amour en pleine croissance. Cela implique de mettre de côté le jugement et d'accepter l'acceptation, en reconnaissant que chaque membre est unique et imparfait mais digne d'amour et d'appartenance. La compréhension nourrit les germes de la confiance et jette les bases d'un lien familial fort et résilient.

L'acceptation est le soleil qui réchauffe le jardin familial, permettant à chaque membre de s'épanouir et de grandir de manière authentique. Il affirme que la famille reste un sanctuaire d'amour et de soutien quels que soient les différences et les défis. L'acceptation célèbre l'individualité de chaque membre et cultive une atmosphère d'amour inconditionnel.

La croissance demande du temps et de la patience dans le cadre nourrissant d'un jardin familial. Tout comme les fleurs ne fleurissent pas du jour au lendemain, les graines de compassion, de gentillesse et d'empathie peuvent mettre du temps à s'épanouir pleinement. Les membres de la famille doivent faire preuve de patience, sachant que la croissance est un voyage et que la transformation se produit avec dévouement et engagement.

À mesure que le jardin familial s'épanouit de compassion, de gentillesse et d'empathie, il devient un sanctuaire d'amour, un lieu de refuge et de ressourcement pour chacun de ses membres. Cela devient un havre de paix où les cœurs trouvent du réconfort et où les âmes trouvent un répit face aux défis du monde extérieur.

En plantant les graines de compassion, de gentillesse et d'empathie en famille, une symphonie harmonieuse d'amour se déploie. Chaque membre devient un jardinier, nourrissant les valeurs et principes partagés qui les unissent. Le jardin familial devient un témoignage de la beauté de l'amour inconditionnel et ses fleurs rayonnent d'une lumière qui illumine le monde au-delà de ses frontières.

En entretenant ce jardin familial, puissions-nous adopter le pouvoir transformateur de la compassion, de la gentillesse et de l'empathie. Semons les graines de l'amour et de la compréhension et regardons notre famille s'épanouir dans une tapisserie d'unité et de joie. Ensemble, nous créons un héritage : un jardin d'amour qui continuera de fleurir et d'inspirer les générations futures.

4. Semer les graines à travers les générations

Dans la tapisserie intemporelle de la famille, les graines de compassion, de gentillesse et d'empathie possèdent une qualité unique et remarquable : elles ont le potentiel de transcender les générations. Tout comme un chêne puissant commence par un petit gland, ces graines peuvent prendre racine et pousser lorsqu'elles sont cultivées avec soin et intention, laissant une marque indélébile sur l'héritage familial.

Tel un organisme vivant, la famille évolue et s'adapte à chaque génération. Dans ce paysage en constante évolution, les graines de compassion, de gentillesse et d'empathie trouvent leur terrain fertile. À mesure qu'une génération sème ces graines, les suivantes récoltent la récolte, transmettant les vertus et les valeurs qui constituent le fondement de la force de la famille.

La transmission de la compassion d'une génération à l'autre est un héritage d'une profonde signification. Lorsque les enfants sont témoins d'actes de compassion et d'empathie de la part de leurs parents et de leurs aînés, ils apprennent la valeur de prendre soin des autres et l'art de la gentillesse envers eux-mêmes. Ils observent le pouvoir d'une main secourable, d'une oreille attentive et d'un cœur compatissant et, à leur tour, ils deviennent des phares de lumière, illuminant la vie des autres.

La gentillesse, elle aussi, devient un fil qui se tisse à travers le tissu des générations. Cela se manifeste dans les moindres gestes : un sourire, un mot d'encouragement, un acte aléatoire de générosité. Lorsque les membres d'une famille font preuve de gentillesse les uns envers les autres, ils créent un effet d'entraînement qui s'étend bien au-delà du cercle immédiat. L'héritage de gentillesse inspire les générations futures, les encourageant à perpétuer cet héritage de chaleur et de bienveillance.

L'empathie, pierre angulaire de liens significatifs, est un don transmis de génération en génération. Lorsque les membres d'une famille écoutent à cœur ouvert, valident les émotions de chacun et cherchent à comprendre les points de vue de chacun, ils forgent des liens qui transcendent le temps. L'empathie favorise la confiance, où chaque génération se sent valorisée et acceptée, les encourageant à accepter leur singularité tout en cultivant la compassion envers les autres.

À mesure que les graines de compassion, de gentillesse et d'empathie prennent racine dans le cœur des membres de la famille, elles créent un cycle vertueux d'amour et de compréhension. Les enfants, témoins de ces qualités chez leurs aînés, sont inspirés à incarner ces vertus, perpétuant ainsi le cycle pour les générations à venir. Comme une course de relais sans fin, le relais de la compassion, de la gentillesse et de l'empathie passe de main en main, garantissant que la lumière de ces vertus continue de briller.

Cependant, cette transmission transgénérationnelle des vertus demande de la patience et de l'engagement. Tout comme un arbre met des années à atteindre sa pleine stature, la croissance de la compassion, de la gentillesse et de l'empathie est un voyage qui s'étend sur toute une vie. Les membres de la famille doivent faire preuve de patience, sachant que la transformation prend du temps et du dévouement. Ils comprennent que chaque génération apporte sa part à la saga continue de l'évolution de la famille.

Avec dévouement et engagement, les membres de la famille s'occupent du jardin des vertus, s'occupant des graines avec amour et soin. Ils comprennent que le développement de la compassion, de la gentillesse et de l'empathie n'est pas une quête solitaire mais un effort collectif. Chaque génération joue un rôle vital en semant, en nourrissant et en récoltant les fruits de ces graines, garantissant ainsi la pérennité de l'héritage d'amour et de compréhension.

En semant les graines de compassion, de gentillesse et d'empathie à travers les générations, la famille devient un sanctuaire d'amour – un lieu où les cœurs trouvent du réconfort, où l'acceptation ne connaît pas de limites et où la flamme de l'empathie continue de brûler vivement. En tant que porte-flambeau de ces vertus intemporelles, la famille illumine le monde au-delà de ses frontières, laissant un impact durable sur la vie d'innombrables autres personnes.

Ensemble, main dans la main, cœur à cœur, la famille tisse une histoire de compassion, de gentillesse et d'empathie, une histoire qui traverse les générations et façonne le cours de l'histoire. Dans cette belle symphonie d'amour, la famille découvre son véritable héritage, gravé non pas dans les possessions matérielles mais dans la richesse incommensurable des vertus transmises de génération en génération.

CHAPTER XVI

TRANSFORMER LA SOCIETE GRACE A DES SYMBOLES INCLUSIFS

1. Les cartes d'identité pour la vaccination de l'esprit

Dans la poursuite de la transformation de notre société vers l'empathie, la compréhension et le respect mutuel, la **distribution de nouvelles cartes d'identité correspondant au mois de naissance et le « code social » constitue une étape symbolique vers la vaccination de nos esprits contre les notions de division et la promotion d'une société plus inclusive.** Ces cartes d'identité sont des outils puissants pour remettre en question les divisions historiques et promouvoir une identité collective qui célèbre notre humanité. En adoptant cette approche transformatrice, nous lançons un voyage de guérison et de progrès, ouvrant la voie à une société unie par l'empathie et la compassion.

Un geste symbolique d'unité : La distribution de nouvelles cartes d'identité selon le mois de naissance symbolise un geste rassembleur. Cette approche remet en question les étiquettes controversées qui nous définissaient autrefois en mettant l'accent sur notre apparence physique, alors que nous sommes citoyens d'une même nation.

Les nouvelles cartes d'identité deviennent une représentation tangible de notre engagement en faveur de l'unité et de l'inclusivité. Ils rappellent visuellement que nous ne sommes plus des affiliations tribales mais un tout collectif avec des aspirations partagées pour une société harmonieuse.

Favoriser une identité inclusive : Les nouvelles cartes d'identité promeuvent une identité nationale inclusive. Alors que les citoyens reçoivent des nouvelles cartes d'identité, ils sont encouragés à accepter la diversité au sein de leurs communautés et à reconnaître que leur individualité ne se limite pas aux divisions historiques.

Cette approche nourrit un sentiment d'appartenance et de fierté de faire partie d'une société qui valorise l'inclusion et célèbre la diversité. Les nouvelles cartes d'identité deviennent les symboles d'une culture progressiste où l'unité prévaut sur la division.

Vaccination mentale : le fait de distribuer de nouvelles cartes d'identité en fonction du mois de naissance s'apparente à vacciner nos esprits contre la propagation d'idéologies qui divisent. Il remet en question les préjugés et encourage les citoyens à se libérer des entraves des animosités historiques.

Grâce à ce processus, nos esprits sont immunisés contre les perceptions négatives, nous permettant de nous voir les uns les autres à travers une lentille d'empathie et de compréhension. La vaccination mentale ouvre la voie à des dialogues et des interactions fructueux, favorisant une société où prospèrent la coopération et le respect mutuel.

Transformer la perception sociétale : La distribution de nouvelles cartes d'identité entraîne un changement dans la perception sociétale. Cela marque une rupture avec les pratiques de division du passé et un pas vers l'unité et l'harmonie.

À mesure que ces nouvelles cartes d'identité deviennent monnaie courante, les « fausses tribus » autrefois importantes sont reléguées dans l'histoire et un nouveau récit d'une société unie émerge. Cette transformation de la perception sociétale a un effet en cascade sur les politiques, les interactions et les attitudes au sein de la nation.

Encourager le dialogue et la réconciliation : la distribution de nouvelles cartes d'identité présente des opportunités de dialogue ouvert et de réconciliation. Il permet aux citoyens de discuter des divisions historiques, de reconnaître les griefs du passé et de travailler ensemble à la guérison.

À mesure que les individus se réunissent pour discuter de leur histoire commune, ils acquièrent une compréhension plus profonde des expériences de chacun, favorisant ainsi l'empathie et la compassion. Ces conversations deviennent des tremplins vers la réconciliation, guidant la nation vers un avenir plus brillant et plus harmonieux.

Renforcer le parcours collectif : La distribution de nouvelles cartes d'identité devient un moment charnière dans le parcours de transformation collective. Cela signifie un tournant, où les citoyens s'engagent collectivement à construire une société libérée des contraintes des étiquettes qui divisent.

À chaque nouvelle carte d'identité distribuée, la dynamique de transformation sociétale se renforce. Les citoyens s'unissent dans leur quête d'une société plus inclusive et plus compatissante, démontrant qu'un changement positif n'est pas un rêve lointain mais une réalité réalisable.

En conclusion, la distribution des nouvelles cartes d'identité correspondant au mois de naissance représente une étape transformatrice vers la vaccination de nos esprits et la refonte de notre société. Grâce à ce geste symbolique d'unité et d'inclusivité, nous remettons en question les notions qui divisent et ouvrons la voie à une nation harmonieuse. Les nouvelles cartes d'identité deviennent des puissants symboles de notre parcours collectif de guérison et de progrès, nous guidant vers une société où l'empathie et la compassion règnent en maître. En tant qu'architectes de notre destin, nous reconnaissons que cette transformation commence par une seule étape : la distribution des cartes d'identité qui promettent un avenir meilleur et plus solidaire.

1. a. Les cartes d'identité reflétant les points communs plutôt que les étiquettes qui divisent représentent un geste réunificateur

La distribution des nouvelles cartes d'identité faisant correspondre les « codes sociaux » au « mois de naissance » plutôt qu'à des attributs physiques tels que la forme du visage, le nez ou la taille constitue un geste d'unité puissant et symbolique. Cette approche remet en question les étiquettes controversées qui nous définissaient autrefois en mettant l'accent sur notre apparence physique alors que nous sommes citoyens d'une même nation. Grâce à ce geste unificateur, nous nous embarquons dans un voyage transformateur qui célèbre notre humanité collective et redéfinit notre identité nationale basée sur l'inclusivité, l'empathie et la compréhension.

Changer de paradigme : La distribution de cartes d'identité en fonction du mois de naissance représente un changement de paradigme, passant des pratiques historiques axées sur les attributs physiques à la catégorisation des individus en « codes sociaux ». En nous éloignant de ces étiquetages qui divisent, nous reconnaissons les limites de ces critères dans la définition de notre identité commune en tant que nation. Cette nouvelle approche remet en question les préjugés et les erreurs profondément enracinés, encourageant les citoyens à voir au-delà des différences physiques et à reconnaître la richesse de la diversité au sein de la nation.

Mettre l'accent sur les points communs : les cartes d'identité, basées sur le mois de naissance, mettent l'accent sur les points communs qui unissent tous les citoyens. Quels que soient leurs origines ou leurs caractéristiques physiques, chacun partage l'expérience d'être né le même mois et contribue à son identité collective. Cet accent mis sur les points communs favorise un sentiment d'unité et d'appartenance, promouvant une conscience nationale qui transcende les étiquettes qui divisent et se concentre sur nos valeurs et aspirations communes.

Favoriser l'inclusivité : La distribution des cartes d'identité en fonction du mois de naissance favorise une culture d'inclusion. Il envoie un message puissant selon lequel chaque citoyen fait partie intégrante de la nation, quels que soient son héritage ou son apparence physique. En reconnaissant la diversité des origines au sein de la nation, nous créons une société ouverte, acceptant et accueillante envers tous, valorisant les contributions uniques de chacun.

Cultiver l'empathie et la compréhension : Ce geste rassembleur encourage les citoyens à cultiver l'empathie et la compréhension les uns envers les autres. En reconnaissant l'expérience partagée d'être identifiés au même mois de naissance, les individus commencent à interagir les uns avec les autres à un niveau humain au-delà des frontières des « fausses tribus ». Cette nouvelle empathie constitue la base de liens significatifs et favorise une culture de compassion et de soutien au sein de la société.

Construire des ponts de connexion : La distribution des cartes d'identité en fonction du mois de naissance crée des ponts de connexion entre des individus d'horizons différents. À mesure que les citoyens interagissent et s'engagent avec d'autres détenteurs de cartes d'identité similaires, ils découvrent des intérêts et des expériences communs qui les unissent.

Ces ponts de connexion favorisent la cohésion sociale et créent un sentiment de communauté qui s'étend au-delà des affiliations tribales, favorisant la coopération et la collaboration.

Une fondation pour le progrès social : en adoptant ce geste unificateur, nous posons les bases du progrès et de la transformation sociale. Le passage d'un étiquetage source de division à une concentration sur les points communs ouvre des opportunités de dialogue constructif, de réconciliation et d'action collective.

Cette nouvelle perspective alimente les initiatives visant à répondre aux griefs historiques, à promouvoir la justice sociale et à construire une société plus équitable pour tous les citoyens.

En conclusion, la distribution des cartes d'identité correspondant au « code social » et

au mois de naissance symbolise un geste unificateur qui remet en question les étiquettes qui divisent et favorise un sentiment de communauté entre les citoyens. Cette approche favorise l'inclusion, l'empathie et la compréhension en mettant l'accent sur notre identité commune en tant que membres d'une même nation.

Grâce à ce voyage transformateur, nous redéfinissons notre identité nationale comme une identité qui célèbre la diversité et valorise la contribution unique de chaque individu. En tant qu'architectes de notre destin, nous reconnaissons que ce geste symbolique ne concerne pas seulement les cartes d'identité mais représente un changement profond dans notre conscience collective – une étape vers une société harmonieuse et unie qui prospère grâce au pouvoir de l'empathie et de l'humanité partagée.

2. b. *Les cartes d'identité basées sur des expériences partagées représentent une tapisserie des points communs*

La distribution des cartes d'identité en fonction du mois de naissance tisse une trame des points communs qui unit tous les citoyens. Cette approche met l'accent sur l'expérience partagée d'être né dans la même saison de l'année et dans la même nation. Cette approche transcende les limites des attributs physiques et des divisions historiques, favorisant une identité collective enracinée dans l'unité et l'humanité partagée.

Célébrer les expériences partagées : Les cartes d'identité, liées au mois de naissance, célèbrent les expériences partagées qui unissent tous les citoyens. Tout le monde partage le profond voyage d'entrée dans le monde au cours d'une saison spécifique de l'année, quels que soient leurs origines ou leur apparence physique.

Cette célébration des expériences partagées cultive un sentiment d'appartenance et d'interdépendance, favorisant la compréhension que nous faisons tous partie du tissu complexe de l'histoire et du progrès de la nation.

Une identité nationale unifiée : En mettant l'accent sur le fait d'être né dans la même nation, les cartes d'identité contribuent à une identité nationale unifiée. Cette conscience collective reconnaît que malgré nos origines et nos histoires diverses, nous faisons tous partie intégrante de l'histoire de la nation.

Cette identité nationale unifiée favorise un sentiment de fierté et d'appropriation citoyenne, inculquant une responsabilité partagée pour le bien-être et le progrès de la nation.

Briser les divisions historiques : Les cartes d'identité basées sur le mois de naissance constituent un outil puissant pour briser les divisions historiques enracinées dans les attributs physiques ou les affiliations tribales. Les cartes remettent en question les préjugés et les préjugés profondément ancrés en se concentrant sur les expériences partagées plutôt que sur les étiquettes qui divisent.

Cette approche transformatrice ouvre la porte à la guérison des blessures historiques, à la promotion de la compréhension et la réconciliation entre les différentes communautés au sein de la nation.

Cultiver une culture d'inclusion : Les cartes d'identité soulignent l'importance de l'inclusivité dans notre identité collective. Quelle que soit son origine, chaque citoyen devient un participant égal au parcours de la nation, contribuant à sa croissance et à son développement.

Cette culture d'inclusion s'étend au-delà de la distribution de cartes d'identité et imprègne divers aspects de la vie sociétale, de l'éducation et de l'emploi à la gouvernance et à la prise de décision.

Encourager la responsabilité collective : L'accent mis sur les expériences partagées à travers les cartes d'identité favorise un sentiment de responsabilité collective pour le bien-être de la nation. Les citoyens reconnaissent qu'ils sont interconnectés et interdépendants, chacun contribuant au progrès de la nation.

Cette responsabilité collective permet aux citoyens de façonner activement l'avenir de la nation, en travaillant ensemble pour une société harmonieuse et prospère.

Rapprocher les communautés et les générations : Les cartes d'identité deviennent des ponts qui relient différentes communautés et générations. À mesure que les citoyens rencontrent d'autres personnes partageant le même mois de naissance, ils découvrent des liens au-delà des attributs physiques ou des affiliations tribales.

Ces ponts communs favorisent la compréhension et la cohésion intergénérationnelles, nourrissant un sentiment de continuité et d'unité qui traverse le temps.

En conclusion, la répartition des cartes d'identité en fonction du mois de naissance souligne le point commun qui lie tous les citoyens entre eux. En célébrant les expériences partagées et en favorisant une identité nationale unifiée, cette approche transformatrice brise les divisions historiques et nourrit une culture d'inclusion et de responsabilité collective.

En tant qu'architectes de notre destin, nous reconnaissons le pouvoir de ce geste symbolique en tissant une tapisserie de points communs qui transcende les attributs physiques et les affiliations tribales. Embrassant notre humanité commune, nous entrons dans un avenir où l'empathie, l'unité et la compréhension forment le tissu de notre société harmonieuse.

2. Un drapeau d'unité : l'impact d'un drapeau national transformé dans nos esprits et notre vie quotidienne

Un drapeau national est un symbole puissant qui incarne l'essence de l'identité d'une nation. Il ondule fièrement, représentant les valeurs collectives, l'histoire et les aspirations de son peuple. Cependant, alors que nous nous engageons dans un voyage de transformation identitaire, la nécessité d'un drapeau qui reflète notre unité retrouvée et notre humanité partagée devient évidente. Un drapeau national qui embrasse notre patrimoine diversifié tout en promouvant l'empathie et l'inclusion peut avoir un impact profond sur nos esprits et notre vie quotidienne, nous rappelant constamment notre cheminement collectif vers une société harmonieuse.

Embrasser la diversité : Le drapeau national transformé devrait célébrer la diversité au sein de la nation tout en soulignant notre unité en tant qu'entité unique. Le drapeau devient une tapisserie d'inclusivité en incorporant des éléments représentant différentes cultures, traditions et histoires.

Chaque citoyen voit son héritage reflété dans le drapeau, favorisant un sentiment de fierté et d'appartenance à une nation qui valorise et célèbre sa riche diversité.

Symbolisant l'unité : tout en embrassant la diversité, le drapeau national transformé devrait symboliser l'unité. Il peut y parvenir grâce à des couleurs ou des motifs qui se mélangent parfaitement, démontrant l'harmonie de différents éléments qui ne font qu'un.

Le drapeau devient une représentation visuelle de notre force collective, nous rappelant que nous sommes plus forts ensemble, unis par des valeurs et des aspirations communes.

Favoriser un sentiment d'identité : Le drapeau national transformé inculque aux citoyens un sentiment d'identité et d'appartenance. Lorsqu'ils voient le drapeau flotter fièrement dans divers contextes, il devient un symbole qui unit des personnes d'horizons différents sous une vision commune.

Ce sentiment d'identité renforce le tissu national, cultivant une responsabilité partagée pour la croissance et la prospérité de la nation.

Encourager la fierté et le respect : Un drapeau national reflétant la transformation de l'identité encourage les citoyens à être fiers des progrès de leur nation vers l'unité et l'empathie. Lorsqu'ils voient le drapeau flotter dans les espaces publics, lors des événements et lors des célébrations nationales, cela évoque le respect et l'admiration pour leur parcours collectif. Le drapeau devient une source d'inspiration, rappelant aux citoyens le pouvoir de transformation qu'ils possèdent pour façonner leur société.

Impact sur la vie quotidienne : La présence du drapeau national transformé dans notre vie quotidienne a un impact considérable. Cela crée une atmosphère d'unité et d'appartenance, favorisant la communauté au-delà des affiliations ou des différences tribales. Le symbolisme du drapeau influence les interactions, les conversations et les processus de prise de décision, favorisant l'empathie et la compréhension dans les échanges quotidiens.

Une lueur d'espoir : Le drapeau national transformé est une lueur d'espoir pour les générations futures. Les enfants qui grandissent sous ce drapeau sont exposés à une représentation visuelle de l'unité et de l'inclusion, les incitant à perpétuer les valeurs d'empathie et d'acceptation. Le drapeau devient un héritage qui transcende les générations, guidant la nation vers un avenir encore plus brillant et plus harmonieux.

En conclusion, un drapeau national reflétant la transformation identitaire est un outil puissant pour changer d'avis et impacter notre vie quotidienne. En embrassant la diversité tout en symbolisant l'unité, le drapeau devient une source de fierté, de respect et d'inspiration pour les citoyens. Sa présence favorise un sentiment d'identité et d'appartenance, influençant les interactions quotidiennes et façonnant la conscience collective de la nation. En tant qu'architectes de notre destin, nous reconnaissons l'importance d'un drapeau national transformé pour guider notre société vers l'empathie, l'unité et le respect mutuel. En adoptant cette représentation symbolique, nous avançons avec un espoir et une détermination renouvelée, en déployant un drapeau qui reflète la force de notre humanité commune et la puissance de notre transformation collective.

3. Une nouvelle monnaie : symbolisant la guérison et l'unité

Dans le parcours de transformation du Burundi SAHUTUGA, chaque aspect de l'identité de la nation est soigneusement conçu pour refléter l'unité, l'inclusion et la guérison. Dans le cadre de cette approche holistique, le gouvernement introduira une nouvelle monnaie, le **FBS (Franc Burundais Sahutuga)**, qui véhicule un profond symbolisme et représente bien plus que de simples transactions économiques.

La monnaie comme symbole de renouveau : Au Burundi SAHUTUGA, la monnaie est plus qu'un simple moyen d'échange ; il symbolise la renaissance de la nation et témoigne de l'engagement commun en faveur de la guérison et de l'unité. La nouvelle monnaie, **FBS**, incarne les valeurs et aspirations fondamentales de la nation.

Déchiffrer le code de la devise : Le code monétaire **BS** a une double signification. « **B** » signifie « Burundi », représentant les racines géographiques et culturelles de la nation. « **S** », en revanche, signifie « Sahutuga », le nom unificateur adopté pour redéfinir l'identité collective au-delà des divisions historiques.

Guérir à travers les symboles : Les symboles ont le pouvoir de transcender les mots et d'évoquer des émotions profondes. Dans le cas de la monnaie **FBS**, chaque transaction devient un rappel de la transformation de la nation – un rappel que l'unité et l'inclusivité sont le moteur du progrès de la nation.

La conception de la monnaie : La conception de la monnaie **FBS** est une œuvre d'art en soi. Il présente des images qui célèbrent la diversité et la beauté naturelle de la nation. Des icônes représentant divers groupes qui cohabitent harmonieusement, démontrant qu'au Burundi SAHUTUGA, l'unité fait la force.

Un outil pour la prospérité économique : Bien que chargée de symbolisme, la monnaie **FBS** sert également d'un objectif pratique en favorisant la prospérité économique. Il facilite le commerce, les investissements et la stabilité financière, jetant ainsi les bases économiques de la croissance du pays.

Une lueur d'espoir : L'introduction de la monnaie **FBS** est une lueur d'espoir pour le Burundi SAHUTUGA. Il symbolise un nouveau départ, une rupture avec les divisions passées et un engagement à construire ensemble un avenir meilleur.

Conclusion

Au Burundi SAHUTUGA, la monnaie **FBS** est plus que de la monnaie simple ; c'est une représentation tangible de la transformation de la nation. Il porte en lui les aspirations d'un peuple uni qui a choisi de réécrire son histoire, de panser ses vieilles blessures et de forger ensemble un nouveau destin. La monnaie **FBS** rappelle que les symboles chargés de sens peuvent inspirer un changement profond et témoigner de la résilience d'une nation en passe de devenir un véritable paradis en Afrique.

4. Les monuments de guérison : embrasser le pardon et la réconciliation

Dans la tapisserie de l'histoire de notre nation, les fils du conflit et de la souffrance s'entremêlent, gravant des cicatrices dans notre mémoire collective. Pourtant, en tant qu'architectes

de notre destin, nous nous trouvons à la croisée d'un choix transformateur : observer notre passé, panser nos blessures et forger
un avenir défini par le pardon et la réconciliation. Ce chapitre
explore la signification profonde du souvenir et de l'unité alors
que nous nous embarquons dans un voyage visant à construire
des monuments de guérison et à marquer un mois qui détient la
clé de la rédemption.

Un hommage aux vies perdues. Nos cœurs portent le poids
de la perte partagée, les échos des vies éteintes par les troubles
des guerres civiles. Chaque âme décédée a laissé derrière elle
un héritage de douleur et de souvenir, et notre devoir solennel
est d'honorer sa mémoire. La décision de construire des monuments à la mémoire de nos bien-aimés, ornés de l'inscription
intemporelle « **Plus d'effusion de sang** », témoigne de notre
engagement en faveur de la paix et de l'unité.

Octobre : un mois de réflexion. Dans les annales d'octobre
se trouvent des marqueurs poignants de notre histoire trauma-
tisante. En octobre, nous avons fait nos adieux au vaillant héros
de notre indépendance. Nous avons pleuré la perte du premier
président démocratiquement élu et d'innombrables membres innocents de nos familles tués après son assassinat. Octobre est un
mois de réflexion et de souvenir collectifs – un rappel que même
au milieu de nos différences, nous pouvons nous rassembler pour
pleurer, guérir et emprunter le chemin de la réconciliation.

Unité dans le deuil. Les monuments que nous érigeons ne
sont pas simplement de la pierre et du mortier ; ils incarnent
notre engagement envers l'unité. Dans chaque ville, la marque «
Plus d'effusion de sang » gravée dans la pierre parle un langage
universel qui transcende les divisions et résonne avec le désir d'un

avenir harmonieux. Alors que nous nous rassemblons autour de ces monuments, nous sommes unis dans notre tristesse, notre détermination à empêcher de nouvelles effusions de sang et notre quête de réconciliation.

Racheter le temps par la commémoration. Commémorer ensemble est un puissant acte de rédemption : une récupération du temps perdu à cause des conflits et un engagement à ouvrir une nouvelle voie. En nous arrêtant pour nous souvenir des vies sacrifiées aux feux des conflits, nous allumons la flamme de la compréhension, de la compassion et de l'empathie. Nous forgeons un lien qui dépasse les frontières des affiliations politiques et semons les graines d'une guérison qui fleurira pour les générations à venir.

Un mois de réconciliation. Octobre devient plus qu'un mois de réflexion ; cela devient un mois de réconciliation, une période pendant laquelle nous nous tendons la main, écoutons les histoires de chacun et embrassons les idéaux de pardon et d'unité. Grâce à des moments de commémoration partagés, nous favorisons un environnement où les blessures peuvent se refermer, les divisions peuvent se dissoudre et la promesse d'un avenir harmonieux peut remplacer les cicatrices du passé.

Architectes de la guérison. En élevant ces monuments, nous devenons des architectes de la guérison, des sculpteurs d'un destin marqué par l'unité et la réconciliation. L'inscription « **Plus d'effusion de sang** » n'est pas seulement une déclaration ; c'est un vœu – un vœu d'honorer les vies perdues, de protéger les vies qui restent et de construire une société où le conflit est remplacé par le dialogue, où les blessures sont remplacées par la compréhension et où la douleur est transformée en un héritage d'unité.

Un appel à l'unité. Sur ces monuments sont inscrits non seulement des mots mais aussi un appel à l'action pour s'unir en une seule nation transformée. Dans notre mémoire collective, nous trouvons de la force. Dans notre chagrin commun, nous trouvons du réconfort. Et dans notre engagement en faveur du pardon et de la réconciliation, nous trouvons les clés pour débloquer un avenir exempt des horreurs du passé. Soyons unis, main dans la main, alors que nous construisons ces monuments de guérison, car ils symbolisent notre détermination à tracer un chemin d'unité, de paix et d'harmonie durable.

5. Les Rues d'Honneur : Commémoration de l'Unité et de la Démocratie

Alors que le soleil se lève sur les paysages de notre nation transformée, il illumine non seulement les routes physiques qui s'étendent à travers notre pays, mais également les chemins tracés par les héros qui se sont battus pour l'unité, la démocratie et l'intégrité nationale. Ces héros, dont le dévouement inébranlable a façonné notre destin collectif, méritent d'être honorés d'une manière qui résonne à travers les couloirs du temps. En dédicaçant des rues portant leurs noms, nous immortalisons leur héritage et veillons à ce que leurs histoires continuent de nous inspirer.

Les gardiens de l'Unité : un héritage honoré

Des villes animées aux villages tranquilles, les rues de notre nation transformée sont imprégnées de l'héritage de ceux qui ont défendu l'unité. Ces héros ont compris qu'une population unie est le fondement sur lequel repose une nation prospère. Grâce à leurs sacrifices, ils ont comblé les divisions et semé les graines de la camaraderie, nous incitant à exploiter la force de notre diversité et à forger une société cohésive.

Les champions de la démocratie : échos de la liberté

L'essence de notre nation transformée repose sur les idéaux de la démocratie, où chaque voix est entendue, chaque vote compte et chaque citoyen joue un rôle dans l'élaboration du destin de notre pays. Les héros qui se sont battus pour ces principes ont gravé leur nom dans les annales de l'histoire. En ornant nos rues de leurs noms, nous rendons hommage à leurs efforts inlassables et veillons à ce que le flambeau de la démocratie continue de brûler brillamment.

Les sentinelles de l'intégrité nationale : un engagement honoré

L'intégrité nationale est la pierre angulaire d'une nation prospère. Les héros qui ont sauvegardé l'intégrité de notre nation l'ont fait avec un dévouement sans faille. Alors que leurs noms ornent les rues qui sillonnent nos villes, nous déclarons notre engagement à défendre les valeurs qu'ils ont défendues – les valeurs qui nous unissent en tant que citoyens d'une nation transformée, le Burundi SAHUTUGA.

L'inspiration à chaque coin de rue : des monuments commémoratifs vivants

Chaque rue portant le nom d'un champion de l'unité, de la démocratie ou de l'intégrité devient un mémorial vivant, un lieu où son esprit continue de nous inspirer. En parcourant ces rues, nous nous souvenons des sacrifices, des batailles et des victoires obtenus dans la recherche d'une société unie, démocratique et moralement saine.

Un avenir façonné par le passé : leçons apprises

La dédicace des rues à nos héros n'est pas seulement un geste de gratitude ; cela nous rappelle que notre présent et notre avenir sont profondément enracinés dans les actions de ceux qui nous ont précédés. Leurs histoires servent de phares de lumière, nous guidant à travers les défis et éclairant le chemin vers le progrès.

Unité dans la diversité : des héros pour tous

Des routes rurales aux avenues urbaines, les noms de nos héros sont fièrement affichés, transcendant les régions et les horizons. Cette inclusivité témoigne du fait que l'unité, la démocratie et l'intégrité ne connaissent pas de frontières.

Un appel à la mémoire : préserver le passé pour l'avenir

En dédiant des rues à nos héros, nous préservons leur mémoire pour des générations. Ces rues ne sont pas seulement des voies de communication ; ce sont des monuments de mémoire qui nous rappellent les vertus qui nous sont chères.

Notre responsabilité partagée : bâtir sur leur héritage

En tant que citoyens d'une nation transformée, nous avons la responsabilité de défendre les idéaux défendus par ces héros. En parcourant les rues qui portent leurs noms, nous nous engageons à perpétuer leur héritage en travaillant sans relâche pour cultiver l'unité, défendre la démocratie et sauvegarder notre intégrité nationale.

Conclusion : un voyage d'honneur

Alors que nous parcourons les rues de notre nation transformée, puissent les noms gravés dessus nous rappeler constamment l'esprit indomptable qui nous pousse à avancer. Avec l'unité dans nos cœurs, la démocratie dans nos principes et l'intégrité dans nos actions, nous nous embarquons dans un voyage qui honore les héros de notre passé tout en façonnant un avenir qui témoigne de leur courage et de leur dévouement.

CHAPTER XVII

L'ARBRE GÉNÉALOGIQUE TRANSFORMÉ

1. Cultiver une connexion et une compréhension authentiques

Dans les branches d'un arbre généalogique se cache un profond potentiel pour transcender les murs de division qui divisent les sociétés depuis des générations. En tant qu'architectes de notre destin, nous pouvons transformer notre arbre généalogique, nous libérer des chaînes de préjugés et de la haine et cultiver un espace de connexion et de compréhension authentiques.

L'arbre généalogique est un témoignage de notre ascendance commune : un témoignage vivant des histoires, des luttes et des triomphes de nos ancêtres. Dans ces racines, nous trouvons le fondement de nos croyances, traditions et valeurs. Cependant, tout comme les arbres poussent de travers à cause des conditions défavorables, notre arbre généalogique peut porter le fardeau de préjugés historiques et de divisions profondément enracinées transmises de génération en génération.

Grâce à l'introspection et à la conscience de soi, nous commençons le processus de transformation. Nous examinons les branches de notre arbre généalogique, confrontés aux préjugés et aux préjugés qui ont pu influencer notre éducation. En explorant les différentes couches de l'histoire, nous obtenons un aperçu des influences culturelles et sociétales qui ont façonné notre identité.

Transformer l'arbre généalogique nécessite des conversations courageuses : une volonté d'explorer les histoires qui n'ont pas été racontées, les expériences qui ont été réduites au silence et les perspectives qui ont été marginalisées. En créant un espace d'ouverture et de vulnérabilité, nous permettons à chaque membre de la famille de partager son récit unique, favorisant ainsi un environnement de confiance et de compréhension.

Le processus de transformation comporte ses défis. Tout comme l'élagage d'un arbre nécessite de couper le bois mort pour favoriser la croissance, nous devons affronter des vérités inconfortables et abandonner des croyances dépassées qui ne nous servent plus. Cela peut nécessiter de retrouver des souvenirs douloureux ou de résoudre des divisions familiales, mais grâce à ce processus, nous ouvrons la voie à la guérison et à la croissance.

À mesure que l'arbre généalogique se transforme, un nouveau sentiment de connexion émerge, enraciné dans l'empathie et la compassion. Nous reconnaissons que notre histoire commune nous lie et nous acceptons la diversité des expériences qui rendent chaque branche unique. Grâce à cette compréhension, nous abandonnons les étiquettes « nous » par rapport à «

eux » et nous commençons à nous considérer les uns les autres comme des compagnons de route sur le chemin de la vie.

En cultivant une connexion et une compréhension authentiques, nous célébrons la richesse du patrimoine de notre famille. Nous embrassons les traditions qui nous apportent de la joie, les coutumes qui nous relient à nos racines et les valeurs qui guident notre boussole morale. En même temps, nous apprenons également à apprécier et à respecter la diversité des perspectives et des choix au sein de la famille, en reconnaissant que le chemin de chacun est unique.

À mesure que la transformation s'étend aux générations futures, l'arbre généalogique devient une puissante force de changement positif. Les valeurs d'empathie, de compréhension et d'inclusivité sont transmises comme un héritage durable, un héritage qui transcende les frontières familiales et se répercute sur le monde.

Au-delà des limites de la famille, l'arbre généalogique transformé devient un symbole d'espoir et de possibilités, un témoignage du pouvoir de l'amour pour combler les divisions et guérir les blessures. Il inspire les autres à se lancer dans leur parcours de transformation, créant un mouvement collectif vers une société plus compatissante et plus compréhensive.

En conclusion, grâce à la transformation de notre arbre généalogique, nous détenons la clé pour briser les murs de division et cultiver un espace de véritable connexion et compréhension. Le voyage commence par la conscience de soi et l'introspection, se prolonge par des conversations ouvertes et courageuses et culmine dans la célébration de notre humanité commune. En tant qu'architectes de notre destin, nous embrassons le pouvoir transformateur de l'histoire de notre famille. Cette histoire peut façonner un avenir fondé sur l'unité, l'empathie et le respect de tous.

2. Un héritage de changement positif : l'impact durable de l'arbre généalogique transformé

À mesure que la transformation de l'arbre généalogique prend racine et évolue, elle devient un héritage durable – une puissante force de changement positif qui s'étend bien au-delà des limites familiales. Les valeurs d'empathie, de compréhension et d'inclusion, semées d'amour et nourries au fil des générations, laissent une marque indélébile sur le monde – un impact qui se répercute, touche la vie d'innombrables personnes et façonne le cours de l'histoire.

Dans l'existence humaine, les familles jouent un rôle crucial en tant qu'éléments constitutifs de la société. Ils sont le berceau des valeurs et des croyances, les sanctuaires de l'amour et du soutien, et les berceaux de l'identité et du caractère. À mesure que la transformation de l'arbre généalogique étend ses branches, elle favorise un environnement où l'empathie et la compassion s'épanouissent, nourrissant des individus profondément à l'écoute des besoins des autres.

Au cœur de cet héritage se trouve l'empathie, la capacité de comprendre et de partager les émotions et les expériences des autres. À mesure que les membres de la famille grandissent en étant témoins de la gentillesse en action, ils apprennent l'art de l'écoute active, la valeur d'être présents les uns envers les autres et l'importance de voir le monde sous des angles divers. L'empathie devient un principe directeur dans leurs interactions avec des amis, des collègues et même des inconnus, favorisant une culture de compassion dans toutes les sphères de la vie. **La compréhension est également un pilier crucial de cet héritage transformateur.** Lorsque les membres de la famille s'engagent dans des conversations ouvertes et respectueuses, ils apprécient la beauté de la diversité au sein de la famille. Cette compréhension transcende la dynamique familiale et imprègne la société à mesure que les membres transformés de la famille étendent cette grâce à des personnes d'horizons différents. **L'inclusivité est le résultat naturel de la transformation au sein de l'arbre généalogique.** À mesure que les membres brisent les murs de division et créent un véritable lien, ils favorisent un environnement dans lequel chacun se sent vu, entendu et valorisé. Cet esprit d'inclusion rayonne vers l'extérieur, inspirant les individus transformés à œuvrer à la construction d'un monde où chacun a sa place à la table, quels que soient sa race, son sexe, son origine ethnique ou son statut social.

Les valeurs inculquées au sein de l'arbre généalogique transformé créent un effet d'entraînement qui s'étend aux générations futures. Les enfants élevés dans une atmosphère d'amour, d'empathie et de compréhension deviennent des adultes qui intègrent ces principes dans leur vie et leurs relations. En devenant eux aussi architectes de leur destin, ils contribuent au mouvement collectif de changement positif dans le monde.

L'arbre généalogique transformé devient une lueur d'espoir et d'inspiration pour que les autres puissent suivre leur propre chemin de croissance et de guérison. Alors qu'ils sont témoins du pouvoir de l'amour pour guérir les blessures, combler les fossés et construire des ponts de connexion, ils sont encouragés à se lancer dans leur propre voyage de transformation.

Au-delà de la famille immédiate, cet héritage de changement positif s'étend aux communautés et aux sociétés. Les individus transformés deviennent des catalyseurs du progrès social, œuvrant pour un monde plus juste et plus compatissant. Ils s'engagent dans des actes de service, défendent les intérêts des marginalisés et s'efforcent de créer un avenir où tous peuvent s'épanouir.

En conclusion, la transformation de l'arbre généalogique a le potentiel de laisser un héritage durable de changement positif. À mesure que l'empathie, la compréhension et l'inclusion imprègnent le tissu de la vie familiale, elles deviennent les principes directeurs des générations futures. L'effet d'entraînement de ce voyage transformateur s'étend au-delà des frontières familiales et touche la vie d'innombrables autres personnes. Cette puissante force de changement positif incite le monde à embrasser un avenir fondé sur l'amour, la compassion et l'unité. En tant qu'architectes de notre destin, nous assumons la responsabilité et le privilège d'entretenir un arbre généalogique qui laisse une marque indélébile sur le monde – un impact qui élève, unit et favorise un avenir meilleur pour tous.

3. Enraciné sur quatre piliers solides et inflexibles

Dans le parcours de transformation, un arbre généalogique devient un témoignage du pouvoir de l'amour, de la compréhension et de la compassion. Cet arbre généalogique transformé se dresse haut et fort, fermement enraciné sur une fondation soutenue par quatre piliers solides et inflexibles. Ces piliers sont les principes directeurs qui façonnent l'identité de la famille et définissent leur héritage collectif.

L'amour : Au cœur de l'arbre généalogique transformé se trouve une abondance d'amour qui ne connaît aucune limite et embrasse chaque membre sans condition. Cet amour n'est pas simplement une émotion mais un choix conscient : célébrer le caractère unique de chaque membre de la famille, le soutenir dans les épreuves et les triomphes, et lui offrir un havre où il peut toujours trouver du réconfort.

L'amour au sein de l'arbre généalogique transformé transcende les différences et les conflits, guérissant les blessures et favorisant la réconciliation. Il constitue le fondement sur lequel se construisent la confiance et les liens, créant un environnement stimulant où chaque individu se sent valorisé et chéri.

La compréhension : Le deuxième pilier de l'arbre généalogique transformé est la compréhension : la capacité d'écouter avec un cœur ouvert et de chercher à comprendre les perspectives et les expériences des uns et des autres. La connaissance nourrit l'empathie, permettant aux membres de la famille de se mettre à la place de chacun et de mieux comprendre les complexités de leur vie.

Par la compréhension, la famille cultive une culture de communication et de dialogue authentique. Cela crée un espace de conversations constructives, où les divers points de vue sont respectés et où le consensus est recherché. Ce pilier permet à la famille de surmonter les défis, unie par la connaissance qu'elle est plus forte ensemble.

Le respect : Le respect est le troisième pilier inflexible de l'arbre généalogique transformé. Ce pilier reconnaît la valeur et la dignité inhérentes de chaque membre de la famille, favorisant un environnement où prévaut le respect mutuel. Il encourage l'ouverture d'esprit et décourage le jugement, permettant aux membres de la famille de s'exprimer sans crainte de reproches.

Le respect au sein de l'arbre généalogique transformé ouvre la voie à l'autonomie et à l'expression de soi. Cela permet aux individus de poursuivre leurs passions et leurs rêves, même s'ils diffèrent des attentes traditionnelles. Ce pilier crée un espace où diverses perspectives sont adoptées, enrichissant la sagesse collective de la famille.

Le pardon : Le quatrième et dernier pilier qui soutient l'arbre généalogique transformé est le pardon : la volonté d'abandonner les griefs du passé et d'exprimer sa compassion envers soi-même et envers les autres. Le pardon est une force de guérison qui libère la famille des rancunes, ouvrant la voie à la réconciliation et à la croissance.

Grâce au pardon, l'arbre généalogique transformé se libère de l'amertume et du ressentiment. Les membres de la famille apprennent à gérer les conflits avec grâce et à présenter humilité et excuses. Ce pilier favorise une atmosphère de sécurité émotionnelle, où la vulnérabilité rencontre la compréhension et la grâce.

Lorsque l'arbre généalogique transformé repose sur ces quatre piliers solides et inflexibles, il devient un sanctuaire d'amour, de compréhension, de respect et de pardon. C'est une source de force, qui permet aux membres de la famille de s'épanouir en tant qu'individus et en tant qu'unité cohésive. Les valeurs de ces piliers transcendent les générations, laissant un héritage durable pour l'avenir.

L'influence de l'arbre généalogique transformé s'étend au-delà des murs de la maison, impactant la communauté et la société dans son ensemble. Il rayonne les principes de compassion et d'unité, inspirant les autres à se lancer dans leur voyage de transformation. La famille devient une lueur d'espoir, démontrant que grâce à l'amour et à la compréhension, les familles peuvent faire tomber les barrières, panser les blessures et favoriser un monde où chacun est vu, entendu et valorisé.

En conclusion, l'arbre généalogique transformé repose sur quatre piliers solides et inflexibles : l'amour, la compréhension, le respect et le pardon. Ces piliers tissent la tapisserie d'une famille qui prospère grâce à l'unité et à la compassion. En tant qu'architectes de notre destin, nous assumons la responsabilité d'entretenir un arbre généalogique transformé qui laisse un héritage de changement positif, façonnant non seulement la vie de ses membres mais aussi le monde qu'ils touchent.

4. Embrasser l'unité au-delà des fausses tribus

Dans le parcours de transformation, l'arbre généalogique devient un symbole d'unité et de compassion, transcendant les divisions passées. En embrassant une nouvelle ère de compréhension et de réconciliation, l'arbre généalogique transformé se dresse haut, fermement enraciné sur une fondation soutenue par quatre piliers : **Hutu, Tutsi, Sangwabutaka (Twa) et Ganwa** ; les soi-disant « **fausses tribus** » qui alimentaient autrefois la haine et les conflits au Burundi.

Hutu : Le premier pilier de l'arbre généalogique transformé est le Hutu. Ce nom était un terme destiné à catégoriser un groupe de personnes au Burundi, perpétuant la division et la

haine. Dans l'arbre généalogique transformé, les Hutu représentent une volonté de se débarrasser des étiquettes qui nous séparent et de voir au-delà des différences superficielles. C'est un appel
à reconnaître notre humanité commune et à célébrer la diversité
de la famille.

**Les Hutu au sein de l'arbre généalogique transformé sig-
nifient l'unité,** les membres de la famille embrassant l'idée qu'ils
font partie de la même famille humaine, quelles que soient les étiquettes historiques ou les constructions sociales. Grâce à l'esprit
hutu, l'arbre généalogique devient un témoignage du pouvoir
de l'amour et de l'acceptation, brisant les murs de division et
accueillant chaque membre comme partie intégrante de l'histoire
de la famille.

Tutsi : Le deuxième pilier de l'arbre généalogique transformé
est le Tutsi. Ce nom définissait autrefois un autre groupe au
Burundi, perpétuant un sentiment de « nous » contre « eux
». Tutsi représente le voyage vers la réconciliation et la guérison
dans l'arbre généalogique transformé. C'est une invitation à accorder le pardon et l'empathie à ceux qui ont pu se trouver dans
des camps différents dans les conflits historiques.

**Les Tutsi au sein de l'arbre généalogique transformé signi-
fient la compréhension,** où les membres de la famille cherchent
activement à comprendre les expériences et les perspectives des
uns et des autres. Il favorise un environnement de communication et de dialogue ouverts, permettant des conversations constructives qui favorisent le respect mutuel et la croissance.

Twa (Abasangwabutaka) : Le troisième pilier de l'arbre
généalogique transformé est le terme Twa, qui représentait autrefois un autre groupe au Burundi, souvent marginalisé et négligé.

Dans l'arbre généalogique transformé, Twa représente l'engagement en faveur de l'inclusion et l'acceptation des contributions uniques de chaque membre de la famille.

Twa dans l'arbre généalogique transformé symbolise le respect, où la valeur et la dignité de chacun sont honorées et célébrées. Cela crée un espace où diverses perspectives sont adoptées et chéries, enrichissant la sagesse collective de la famille et favorisant un esprit d'unité.

Ganwa : Le quatrième et dernier pilier qui soutient l'arbre généalogique transformé est Ganwa – une reconnaissance du fait que les divisions et les étiquettes historiques peuvent avoir été artificiellement créées et imposées. Dans l'arbre généalogique transformé, Ganwa représente le choix de se libérer des chaînes du passé et de créer un nouveau récit basé sur l'amour et la compassion.

Ganwa dans l'arbre généalogique transformé signifie le pardon, où les membres de la famille abandonnent les griefs et les ressentiments du passé, ouvrant ainsi la voie à la réconciliation et à la guérison. Cela favorise une atmosphère de sécurité émotionnelle et de vulnérabilité, dans laquelle les membres de la famille peuvent se témoigner grâce et compassion les uns envers les autres.

Lorsque l'arbre généalogique transformé repose sur ces quatre piliers – Hutu, Tutsi, Twa et Ganwa – il devient une lueur d'espoir et d'inspiration pour les autres. Cela démontre que les familles peuvent surmonter les divisions historiques grâce à l'unité, la compréhension, le respect et le pardon et construire un avenir où prédominent l'amour et la compassion.

L'influence de l'arbre généalogique transformé s'étend au-delà des limites de la maison, impactant la communauté et la société dans son ensemble. Il rayonne les principes d'unité et de réconciliation, inspirant les autres à se lancer dans leur voyage de transformation. La famille devient une force de changement positif, démontrant qu'embrasser notre humanité commune peut guérir les blessures, combler les fossés et créer un monde où tous les individus sont vus, entendus et valorisés.

En conclusion, l'arbre généalogique transformé se dresse haut sur sa fondation de quatre piliers : Hutu, Tutsi, Twa et Ganwa. Ces piliers représentent l'unité, la compréhension, le respect et le pardon, tissant ensemble la tapisserie d'une famille qui prospère grâce à l'amour et à la compassion. En tant qu'architectes de notre destin, nous assumons la responsabilité d'entretenir un arbre généalogique transformé qui laisse un héritage d'unité et de réconciliation, façonnant la vie de ses membres et le monde qu'ils touchent. Grâce au pouvoir de transformation, l'arbre généalogique devient un témoignage de la force de l'amour et de l'esprit humain. Ce testament va bien au-delà des fausses tribus et ouvre la voie à un avenir meilleur et plus inclusif.

5. Clans au Burundi SAHUTUGA
Les clans différents tels que ababanda, abajiji, abenengwe, abashubi, abanyakarama, abatare, abahanza, abahima, etc., font partie intégrante de notre riche tapisserie culturelle et patrimoniale depuis des générations. Ces clans représentent des familles apparentées ayant des lignées, une histoire et des traditions communes. Ce sont les piliers de notre tissu social,

porteurs de coutumes et d'identités uniques qui contribuent à la mosaïque diversifiée de notre nation.

Dans notre société transformée, les codes sociaux SA, HU, TU et GA sont significatifs et précieux, notamment dans le cadre clanique et familial. Ces codes reflètent nos liens ancestraux, nous relient à nos racines et nous enracinent dans les traditions transmises à travers les âges.

Tout en évoluant vers une nation plus unie et harmonieuse avec le concept SAHUTUGA, nous devons également chérir et protéger la diversité culturelle qui a défini nos clans. La parenté et les liens patrimoniaux communs de ces clans sont sacrés, et leurs coutumes et pratiques doivent rester intactes.

Alors que nous progressons vers un avenir de plus grande unité, nous devons comprendre que les codes sociaux de SA, HU, TU et GA sont profondément importants au sein de ces groupes très unis. Ce sont les fils qui tissent le tissu de notre famille et de notre clan. Ces codes sont une source de fierté, des principes directeurs et le fondement sur lequel se construisent les traditions uniques de chaque clan.

Nous devons respecter et préserver la richesse culturelle présente au sein de ces clans. Ils témoignent de l'esprit durable de notre peuple, d'un lien vivant avec nos ancêtres et d'une source de force alors que nous avançons dans ce voyage transformateur.

Les codes sociaux ne divisent pas mais symbolisent la tapisserie d'identités qui compose notre nation. Ils témoignent de notre diversité et de la richesse de notre culture. Alors que nous nous engageons sur le chemin de l'unité, nous comprenons que même si nous sommes tous des Burundais SAHUTUGA, nous célébrons et honorons également le patrimoine et les coutumes propres à chaque clan et famille. Ce respect de notre passé commun et de la beauté de nos diverses traditions renforcera notre unité et nous propulsera vers un avenir meilleur.

CHAPTER XVIII

LE NOM DE FAMILLE DE NOTRE NATION : SAHUTUGA

1. Embrasser notre nation transformée : Burundi SAHUTUGA

Dans la grande mosaïque des nations, les noms revêtent une signification profonde. Ils résument l'essence de l'histoire, de la culture et des aspirations d'un pays. Aujourd'hui, alors que nous nous embarquons dans un voyage transformateur, nous dévoilons fièrement la nouvelle identité de notre nation bien-aimée – **le Burundi SAHUTUGA.**

Le nom SAHUTUGA transcende les simples lettres ; il porte en lui l'unité que nous recherchons, la diversité que nous célébrons et l'héritage que nous entendons construire. **SAHUTUGA, en tant que nom de famille de notre pays, témoigne d'un profond changement de mentalité : un passage** de la division à l'unité, du conflit à l'harmonie, de l'isolement à l'inclusion.

Les composantes de SAHUTUGA – SA pour Sangwabutaka (Twa), HU pour Hutu, TU pour Tutsi et GA pour Ganwa – représentent les fils qui ont tissé notre histoire. Ils incarnent la force collective de notre passé tout en pointant vers un avenir uni. Chaque lettre est un hommage aux identités uniques qui ont façonné notre société, un témoignage des liens qui nous unissent en tant que citoyens de cette grande nation.

Avec Burundi SAHUTUGA, nous avançons avec audace dans la refonte de notre récit national. Nous nous débarrassons des étiquettes qui nous divisaient autrefois et embrassons un héritage commun qui nous unit. Ce nouveau nom signifie la fin des conflits amers du passé et annonce le début d'une nouvelle ère caractérisée par la coopération, le respect mutuel et la collaboration. **En tant que Burundais SAHUTUGA, nous sommes une lueur d'espoir pour d'autres nations confrontées à des défis similaires.** Notre voyage vers l'unité et la transformation illustre ce qui est possible lorsqu'un pays s'élève collectivement audessus de son passé et trace une nouvelle voie. Chaque citoyen a un rôle à jouer pour faire de la vision du Burundi SAHUTUGA une réalité. En comprenant la signification de ce nom, nous assumons la responsabilité de nourrir une société qui chérit sa diversité, responsabilise ses citoyens et place l'unité au premier plan de ses efforts.

Burundi SAHUTUGA n'est pas seulement un nom mais une déclaration de notre engagement à construire un avenir meilleur. C'est une promesse faite à nos enfants et petits-enfants qu'ils hériteront d'une nation marquée par le progrès, la paix et la prospérité. Puisse ce nouveau nom, Burundi SAHUTUGA, nous rappeler constamment nos aspirations communes et catalyser la transformation que nous recherchons. Ensemble, allons de l'avant, unis sous cette bannière d'espoir et de promesse, travaillant sans relâche pour créer une nation dont nous pouvons tous être fiers.

2. L'unité dans la diversité : le pouvoir d'un nom d'une nation transformée

Dans la poursuite de l'unité nationale et de la guérison, une approche transformatrice pour façonner le nom d'une nation peut revêtir une profonde signification. **En combinant les noms des quatre piliers – Sangwabutaka, Hutu, Tutsi, et Ganwa dans SAHUTUGA comme un nom unifié, la nation ouvre la voie à un changement décisif dans l'esprit et les attitudes des citoyens.** Ce processus de dénomination innovant symbolise l'engagement de la nation à accueillir la diversité, à favoriser l'inclusion et à guérir les blessures historiques.

La combinaison des noms des quatre piliers en un seul signifie une reconnaissance collective de l'interdépendance des peuples de la nation. Cela rappelle que malgré les divisions historiques, ils font tous partie de la même tapisserie : une tapisserie tissée avec des fils de différentes couleurs et textures, créant un tout vibrant et diversifié.

Le nom de cette nouvelle nation reflète l'unité dans la diversité, un témoignage de la force d'accepter et de tirer parti des différences comme source de pouvoir collectif. Il communique un message clair aux citoyens et à la communauté internationale selon lequel notre nation est déterminée à bâtir un avenir fondé sur la compréhension, le respect et la coopération.

Pour les citoyens, la transformation du nom de la nation peut catalyser un changement de mentalité. Il les invite à voir au-delà des limites des divisions historiques, les encourageant à se considérer mutuellement comme des concitoyens liés par un destin commun. En adoptant ce nom unifié, les citoyens se débarrassent du fardeau des conflits et des stéréotypes du passé et redéfinissent leur identité en tant que peuple uni.

Le pouvoir du nom d'une nation transformée réside dans sa capacité à susciter un sentiment de fierté et d'apparte-nance parmi les citoyens. Il favorise une identité collective qui transcende les différences individuelles et favorise un sentiment partagé d'appropriation et de responsabilité pour l'avenir de la nation. Les citoyens sont incités à travailler ensemble vers des objectifs communs, en construisant des ponts de coopération et de compréhension au-delà des affiliations tribales.

De plus, le nom de la nation transformée devient un espoir pour les générations futures. Il communique l'engagement de la nation à tirer les leçons des erreurs passées et à construire une société fondée sur l'inclusion, la justice et la réconciliation. Ce nom devient un héritage d'unité, de paix et de progrès que les générations futures pourront perpétuer avec fierté et déter-mination.

À l'échelle internationale, la transformation du nom de la nation envoie un puissant message de progrès et de résilience. Cela démontre que le pays est sur la voie de la transformation, s'attaquant activement aux blessures historiques et œuvrant à un avenir meilleur. Ce changement peut recueillir le soutien et la reconnaissance de la communauté mondiale, ouvrant ainsi la porte à une collaboration et à un engagement positif. **Cependant, il est essentiel de reconnaître que la transformation du nom de la nation est le début d'un processus beaucoup plus profond et global.** Le véritable changement réside dans les actions et les politiques de la nation visant à promouvoir l'unité, la justice et l'égalité entre ses citoyens. Le nom est une représentation symbolique de cet engagement, mais une véritable transformation nécessite des efforts continus à tous les niveaux de la société.

En conclusion, combiner les noms des quatre piliers –Sangwabutaka, Hutu, Tutsi, et Ganwa – en un nom unique et unifié peut transformer l'esprit des citoyens. Cela signifie un engagement en faveur de l'unité dans la diversité, en pansant les blessures historiques et en construisant un avenir basé sur la compréhension et la coopération. Le nom de cette nation devient un puissant emblème de fierté collective, inspirant les citoyens à adopter une identité commune et à travailler ensemble pour un avenir meilleur. La nation saisit l'opportunité de façonner un héritage qui transcende les affiliations tribales – un héritage d'unité, de paix et de progrès qui résonnera pendant des générations.

3. Une lueur d'espoir : le nom de la nation transformée comme héritage pour les générations futures
La transformation du nom d'une nation va au-delà d'un simple changement de terminologie ; cela devient un symbole puissant, une lueur d'espoir qui brille à travers les horizons du temps. Alors que la nation adopte une nouvelle identité,

elle communique un profond engagement à tirer les leçons des erreurs passées et à tracer une voie d'inclusion, de justice et de réconciliation. Ce nom devient un héritage d'unité, de paix et de progrès que les générations futures pourront perpétuer avec fierté et détermination.

Dans la tapisserie de l'histoire, les nations portent le poids de leur passé – un récit tissé de triomphes et de tribulations. Le nom de la nation transformée représente un moment charnière – un tournant où un pays choisit de s'élever au-dessus de son passé, reconnaissant la douleur et la souffrance, et déterminé à tracer une nouvelle voie vers un avenir meilleur et plus uni.

La lueur d'espoir rayonne avec la promesse de progrès. Cela signale aux générations futures que leurs ancêtres ont pris des mesures courageuses pour créer une société qui célèbre la diversité, défend la justice et embrasse la réconciliation. Ce nom incite les futurs citoyens à bâtir sur les fondations posées devant eux et à porter le flambeau du changement positif.

À mesure que les générations futures hériteront de cet héritage, elles seront profondément responsables du respect des valeurs que représente le nom de la nation transformée. Cela devient une boussole qui les guide à travers les complexités de la société, guidant leurs actions selon les principes d'inclusion et d'empathie.

L'héritage d'unité incarné dans le nom de la nation favorise un sentiment d'appartenance parmi les futurs citoyens. Cela crée une identité partagée, transcendant les différences individuelles, les affiliations tribales et les divisions historiques. Les générations futures forgeront des relations fondées sur la compréhension et le respect, en travaillant ensemble vers un objectif commun : la prospérité et le bien-être de la nation et de sa population.

La lueur d'espoir signifie également un engagement en faveur de la justice. Il rappelle aux futurs citoyens que la transformation de la nation va au-delà des gestes symboliques ; cela nécessite un engagement inébranlable pour remédier aux injustices historiques et créer une société juste et équitable. Les générations futures auront la responsabilité de défendre les intérêts des personnes marginalisées et de veiller à ce que chacun bénéficie de l'égalité des chances.

De plus, le nom de la nation transformée porte la promesse de la réconciliation. Il reconnaît les blessures du passé et la nécessité d'apaiser les divisions profondément enracinées. Les futurs citoyens sont encouragés à engager le dialogue, à écouter avec un cœur ouvert et à accorder le pardon pour favoriser l'unité et la compréhension.

Alors que les années se transforment en décennies et les décennies en siècles, le nom de la nation transformée demeure une lueur d'espoir et une source d'inspiration. Cela rappelle que le changement positif n'est pas un moment éphémère, mais un engagement durable transmis de génération en génération.

Les générations futures sont encouragées à relever les défis tout en renforçant l'unité, la paix et le progrès. Ils doivent adopter un esprit d'innovation et d'adaptabilité, en recherchant des solutions à des problèmes complexes dans un monde en constante évolution.

Le nom de la nation transformée devient une boussole guidant l'avenir en période d'incertitude et la conduisant

vers des chemins de sagesse et de compassion. Cela devient un cri de ralliement pour l'action collective, inspirant les citoyens à travailler ensemble pour surmonter les obstacles et construire une société où chaque voix compte et où chacun est valorisé.

En conclusion, le nom de la nation transformée témoigne de la puissance durable de l'espoir. Cela signifie un engagement à tirer les leçons du passé et une détermination à construire un avenir basé sur l'inclusion, la justice et la réconciliation. Ce nom devient un héritage d'unité, de paix et de progrès dont les générations futures hériteront avec fierté et détermination. En tant qu'architectes de notre destin, nous assumons la responsabilité de créer un héritage qui inspire l'espoir et un changement positif pour les générations futures. En imprégnant nos actions d'empathie et de compréhension, nous façonnons un avenir où la lueur de l'espoir brille, éclairant la voie vers un monde où l'unité prévaut et où une paix durable s'épanouit.

CHAPTER XIX

TISSER LA SYMPHONIE DE L'AMOUR

1. Un héritage de compassion, de gentillesse et d'empathie
Ensemble, main dans la main, cœur à cœur, la famille se lance dans un voyage intemporel qui transcende les vies individuelles et façonne le tissu même de l'histoire. Dans la tapisserie de la vie, les membres de la famille tissent une remarquable histoire de compassion, de gentillesse et d'empathie – une symphonie d'amour qui résonne à travers les âges, touchant les cœurs et les esprits bien au-delà des frontières du temps.

La transformation d'une société est un processus complexe et profond, et ses racines se trouvent au sein de la famille, l'élément fondamental de toute communauté. **Au sein d'une famille, les individus naissent avec des « codes sociaux » différents, comme Sangwabutaka, Hutu, Tutsi, ou Ganwa, selon le mois** de leur naissance. Cependant, alors que nous nous engageons dans un voyage de guérison et de progrès, la famille apparaît comme le catalyseur de l'unité au-delà de ces affiliations tribales, nourrissant une société fondée sur l'empathie, la compréhension et le respect mutuel.

Au cœur de l'héritage de cette famille se trouve une prise de conscience profonde : la mesure exacte de la richesse ne se trouve pas dans les possessions matérielles mais dans les vertus incommensurables transmises de génération en génération. Dans cette quête sans âge, la famille découvre son essence, son objectif : entretenir un lien fondé sur l'amour, la compréhension et le soutien mutuel, créant un effet d'entraînement qui se répercute à travers les générations.

La compassion, telle une étoile directrice, éclaire le chemin de la famille. À chaque acte d'empathie et de tendresse, les membres de la famille comblent le fossé entre les cœurs, tendant une main chaleureuse et compréhensive. Ils embrassent les joies et les peines de chacun, tissant un réseau d'interconnexion qui berce chaque âme dans un cocon de confort et d'appartenance.

La gentillesse s'épanouit comme une fleur glorieuse dans le jardin du cœur de la famille. Chaque mot doux, chaque petit geste de soin peint une toile vivante d'amour et de prévenance. Les membres de la famille cultivent une atmosphère où chaque membre se sent chéri, vu et valorisé, où le jugement n'a pas sa place et où l'acceptation devient l'hymne qui les unit.

L'empathie, accord harmonisant, rythme la symphonie familiale. Ils écoutent les histoires, les peurs et les rêves des uns et des autres à travers leurs oreilles et leur cœur ouverts. Ils acceptent les différences, sachant que dans la tapisserie de la diversité réside l'harmonie de l'unité. L'empathie les lie dans un lien indissoluble, transcendant la distance temporelle ou spatiale. **Alors que cette symphonie d'amour résonne, sa mélodie résonne à travers les générations.** Chaque note jouée par les ancêtres guide la main de la génération suivante, transmettant la précieuse connaissance de l'impact profond de l'amour. En accueillant ses jeunes dans ses bras, la famille leur transmet non seulement la sagesse du monde, mais aussi la sagesse du cœur, un héritage durable de compassion, de gentillesse et d'empathie. **Dans ce conte intemporel, la famille devient un sanctuaire où la chaleur de l'amour dissipe le froid des épreuves de la vie.** Cela devient un havre où les enfants apprennent l'art d'aimer, découvrent la force de la vulnérabilité et trouvent le courage de devenir eux-mêmes les plus authentiques.

L'héritage de la famille s'étend bien au-delà de ses frontières, touchant la vie d'innombrables autres personnes. Les vagues de compassion, de gentillesse et d'empathie atteignent le monde, inspirant des actes de bonté et de bienveillance qui façonnent l'histoire. Dans ces petits actes, la symphonie d'amour de la famille s'entremêle à la grande symphonie de l'humanité, s'harmonisant avec la mélodie universelle de la bonne volonté.

Ainsi, alors que la famille tisse sa symphonie d'amour, elle embrasse son objectif divin : planter des graines qui transcendent le temps et l'espace. Au fur et à mesure que le cycle vertueux se déroule, chaque génération devient le jardinier, s'occupant des racines avec amour et soin, garantissant que l'héritage de compassion, de gentillesse et d'empathie perdure pour l'éternité.

Dans cette belle histoire d'amour et de compréhension, la famille trouve sa danse éternelle qui transcende les frontières

de la vie et de la mort. Car dans le cœur de ceux qui chérissent sa mélodie, la symphonie familiale perdure, résonnant à jamais dans les annales de l'histoire, comme un témoignage du pouvoir durable de l'amour.

Ensemble, main dans la main, cœur à cœur, la famille tisse sa symphonie de compassion, de gentillesse et d'empathie, une mélodie qui traverse les générations et façonne le cours de l'histoire. Alors que le relais passe de génération en génération, que chaque membre de la famille joue son rôle, laissant un héritage d'amour gravé dans le cœur de tous ceux qui viendront après lui.

2. Une tapisserie d'impact : l'héritage de la famille au-delà des frontières

Dans la vaste tapisserie de la vie, l'héritage d'une famille s'étend bien au-delà des frontières de son foyer, tissant des fils d'influence qui touchent la vie d'innombrables autres personnes. Comme une pierre jetée dans un étang immobile, les actions, les valeurs et les vertus cultivées au sein de la famille rayonnent vers l'extérieur, créant des répercussions qui s'étendent au loin.

L'héritage de la famille ne se limite pas aux murs de sa demeure mais s'étend aux communautés qu'elle touche. Alors que les membres de la famille incarnent la compassion, la gentillesse et l'empathie dans leurs interactions quotidiennes, leur énergie positive se répercute dans leur quartier. Ils deviennent des phares de lumière, illuminant les chemins des autres et offrant réconfort et soutien en cas de besoin.

Les graines d'amour semées au sein de la famille s'enracinent dans la société et s'épanouissent en actes d'altruisme et de service. Les enfants, élevés dans un environnement de soin et de considération, portent le flambeau de la compassion, devenant ainsi les agents de changement qui élèvent ceux qui les entourent. Par leurs actes, ils deviennent des catalyseurs de changement positif, créant un effet d'entraînement qui s'étend bien au-delà de la portée de la famille.

Sur le lieu de travail, les membres de la famille véhiculent une philosophie d'empathie et de compréhension, favorisant une culture de collaboration et de respect mutuel. Leur capacité à voir au-delà des différences et à adopter des perspectives diverses permet des relations harmonieuses avec leurs collègues et clients. L'héritage familial devient une force qui transforme les environnements d'entreprise en espaces compatissants et inclusifs.

À mesure que les membres d'une famille s'engagent dans la vie civique, ils deviennent des agents de changement dans leur communauté. Leur dévouement au service des autres, inspiré par les valeurs inculquées dans la famille, conduit à la mise en place des projets communautaires, d'initiatives sociales et d'efforts philanthropiques. Leurs actions trouvent un écho auprès des autres, suscitant un esprit de générosité et un désir d'avoir un impact positif sur la société.

L'héritage de la famille tisse un fil d'espoir et de résilience, surtout en période d'adversité. Leur capacité à surmonter les défis avec unité et amour inspire les autres confrontés à leurs épreuves. La force qu'elles tirent de leur interconnexion devient un modèle permettant aux communautés de s'unir et de se soutenir mutuellement en cas de besoin.

L'impact s'étend aux générations futures grâce aux graines de compassion, de gentillesse et d'empathie semées au sein de la famille. À mesure que la famille cultive ces vertus, elle transmet des valeurs et un sens des responsabilités – une responsabilité de rendre le monde meilleur, un acte de gentillesse à la fois.

Au-delà de la communauté locale, l'héritage de la famille peut potentiellement toucher des vies à l'échelle mondiale. Les valeurs d'empathie et de compassion se répercutent sur les réseaux sociaux et autres plateformes numériques, influençant les cœurs et les esprits au-delà des frontières. Leur présence en ligne devient une plateforme pour répandre la positivité et promouvoir la compréhension à l'échelle mondiale.

L'héritage de la famille devient partie intégrante de l'histoire humaine collective : un récit d'amour et de compréhension qui transcende les frontières géographiques et les différences culturelles. Leur contribution à la construction d'un monde plus compatissant devient un récit intemporel, un héritage qui se répercute à travers les âges.

Dans la grande tapisserie de la vie, l'héritage de la famille s'entremêle aux histoires d'innombrables autres personnes. Leur impact atteint des endroits où ils ne s'aventureront peut-être jamais physiquement, laissant une empreinte dans le cœur et l'âme de personnes qu'ils ne rencontreront peut-être jamais. La symphonie de compassion, de gentillesse et d'empathie de la famille devient une mélodie universelle, en résonance avec l'humanité partagée qui nous lie.

Au fur et à mesure que la famille tisse sa tapisserie d'impact, elle découvre la véritable essence de son objectif : faire une différence non pas dans sa propre sphère mais dans la vie de toute l'humanité. Chaque acte d'amour, chaque démonstration de compréhension et chaque geste d'empathie crée une réaction en chaîne de changement positif – un effet d'entraînement qui touche des vies partout.

Dans cette prise de conscience, la famille devient une force du bien, un agent de transformation qui laisse une marque indélébile sur le monde. Alors que leur héritage s'étend bien au-delà des frontières, ils deviennent la preuve vivante du pouvoir profond de l'amour, de la compassion et de l'empathie pour façonner l'histoire. Ensemble, main dans la main, cœur à cœur, la famille témoigne de l'impact durable de valeurs qui transcendent le temps et l'espace – un témoignage du potentiel infini de l'esprit humain.

CHAPTER XX

DE L'UNITÉ FAMILIALE À L'HARMONIE SOCIÉTALE

1. Adopter la diversité et guérir les divisions historiques

La transformation d'une société est un processus complexe et profond, et ses racines se trouvent au sein de la famille, l'élément fondamental de toute communauté. **Au sein d'une famille, les individus naissent avec des « codes sociaux » différents, comme Sangwabutaka, Hutu, Tutsi, ou Ganwa, selon le mois de leur naissance.** Cependant, alors que nous nous engageons dans un voyage de guérison et de progrès, la famille apparaît comme le catalyseur de l'unité au-delà de ces affiliations tribales, nourrissant une société fondée sur l'empathie, la compréhension et le respect mutuel.

Une tapisserie de diversité : La famille, avec ses membres identifiés aux divers « codes sociaux », représente une tapisserie de diversité – une mosaïque d'expériences, de cultures et de traditions. En reconnaissant et en célébrant cette diversité, la famille ouvre la voie à une transformation qui valorise et chérit le caractère unique de chacun.

Au sein de la famille, les membres apprennent à apprécier la richesse des parcours et des expériences différents. Cette appréciation devient la pierre angulaire de l'acceptation de la diversité au sein de la société au sens large, en favorisant un environnement où la voix de chacun est entendue et valorisée.

Guérir les blessures historiques : La famille agit comme un incubateur pour guérir les blessures historiques qui ont divisé les communautés pendant des générations. En affrontant la douleur et le traumatisme des conflits passés, les membres de la famille peuvent entamer un processus de réconciliation et de pardon.

À mesure que l'empathie et la compréhension se développent au sein de la cellule familiale, elles deviennent le fondement de la guérison des divisions sociétales plus larges. Ce processus de guérison se répercute vers l'extérieur, encourageant les communautés à confronter leur histoire commune et à avancer vers un avenir uni.

L'empathie comme pont : L'empathie est un pont puissant qui relie les familles qui étaient autrefois séparées par de « fausses tribus ». En prenant le temps de s'écouter et de comprendre les expériences de chacun, ils développent un lien plus profond fondé sur la compassion et l'humanité partagée.

Ce pont d'empathie s'étend au-delà des frontières familiales, favorisant les liens entre les différentes communautés

au sein de la société. À mesure que de plus en plus de familles font preuve de compassion, le tissu national se reforme, créant un réseau de compréhension et de soutien.

Respect mutuel et inclusion : Au sein de la famille, le respect mutuel et l'inclusivité deviennent des principes directeurs. Les membres apprennent à se traiter avec dignité, quelle que soit leur affiliation. Cette culture du soin devient le fondement d'une société où chacun est traité de manière juste et équitable.

À mesure que la famille étend ces principes aux interactions avec la communauté au sens large, elles transforment les normes sociétales. L'inclusion devient la norme, transcendant les barrières tribales et permettant à chaque citoyen de participer pleinement au développement de la nation.

Montrer l'exemple : La transformation au sein de la famille est un exemple vivant à suivre pour la communauté. Alors qu'ils cheminent vers l'unité et la compréhension, la famille inspire les autres à faire de même.

Leur engagement en faveur d'un changement positif brille comme une lueur d'espoir, encourageant d'autres familles à se lancer dans leur voyage de transformation. À mesure que de plus en plus de familles donnent l'exemple, l'effet cumulatif est une société embrassant l'unité et le progrès.

Éduquer les générations futures : La transformation au sein de la famille a un impact durable sur les générations futures. Les enfants élevés dans un environnement d'unité et d'empathie grandissent avec un profond sentiment d'appartenance et de responsabilité envers leur communauté.

À mesure qu'ils deviennent des membres actifs de la société, ils transmettent les valeurs apprises au sein de leur famille, servant d'agents de changement et plaidant pour une société harmonieuse. Ce transfert de valeurs intergénérationnel garantit la pérennité de la transformation dans le temps.

En conclusion, la famille est le fondement de la transformation sociétale, un microcosme de la communauté au sens large. Au sein de son étreinte aimante, les membres historiquement identifiés aux différentes « fausses tribus » apprennent à embrasser l'unité au-delà de ces divisions. L'empathie, la guérison, le respect mutuel et l'inclusivité deviennent des principes directeurs qui s'étendent au-delà de la cellule familiale, favorisant une société de diversité, de compréhension et de respect mutuel.

En tant qu'architectes de notre destin, nous reconnaissons le rôle central de la famille dans la transformation de notre société. En favorisant une culture d'unité et en guérissant les divisions historiques, la famille catalyse un avenir meilleur – un avenir où elle célèbre la diversité, une empathie abondante et où règne l'harmonie sociétale.

2. Mettre l'accent sur l'empathie et la compréhension.

Au cœur du programme d'éducation aux valeurs se trouve l'accent mis sur l'empathie et la compréhension. Les étudiants sont encouragés à écouter activement les points de vue des autres, à prendre en compte différents points de vue et à accepter la diversité avec un esprit ouvert.

Les étudiants apprennent à sympathiser avec les expériences et les émotions des autres grâce à des exercices de jeux de rôle, des récits et des exemples concrets. Ce processus favorise un sentiment d'humanité partagée, éliminant les barrières d'incompréhension et encourageant les étudiants à se traiter les uns les autres avec gentillesse et respect.

Promouvoir l'inclusion et le respect : Le programme devrait encourager l'inclusion et le respect de tous les membres de la communauté scolaire. En organisant des événements célébrant diverses cultures, traditions et identités, les étudiants acquièrent une plus grande appréciation de la richesse de la diversité.

Les activités qui encouragent le travail d'équipe, la coopération et la collaboration renforcent encore la valeur du respect mutuel. Ces expériences permettent aux élèves de devenir des ambassadeurs de l'inclusivité, favorisant un environnement scolaire où chacun se sent valorisé et accepté.

Encourager l'engagement civique : à mesure que les étudiants progressent dans le programme, ils sont encouragés à mettre en œuvre leurs valeurs à travers des initiatives d'engagement civique. Des projets de service communautaire à la défense de causes sociales, les étudiants apprennent l'application pratique de l'empathie et de l'unité pour avoir un impact positif sur la société.

Grâce à ces expériences, les étudiants deviennent des participants actifs dans la transformation de leurs communautés, étendant les valeurs qu'ils ont apprises à la société dans son ensemble.

Cultiver une citoyenneté responsable : à mesure que les élèves progressent vers des niveaux scolaires supérieurs, le programme évolue pour inclure des discussions sur la citoyenneté responsable et la prise de décision éthique. Les élèves explorent des questions sociétales complexes, en considérant les conséquences de leurs actions sur les autres et sur l'environnement.

166 - AUDACE MPOZIRINIGA

Le programme permet aux étudiants de devenir des penseurs critiques, les encourageant à être des agents de changement positif dans leurs communautés. En nourrissant le sens des responsabilités envers les autres et le monde, le programme permet aux étudiants de porter le flambeau de la transformation à l'âge adulte.

En conclusion, la transformation au sein de la famille sert de phare pour la communauté au sens large, inspirant un changement positif des foyers aux différentes écoles. En établissant un programme d'éducation aux valeurs du primaire au secondaire, nous créons un continuum d'apprentissage qui nourrit l'empathie, la compréhension et le respect mutuel chez les jeunes générations.

Grâce à des approches interactives et holistiques, les étudiants apprennent à célébrer la diversité, à adopter l'unité et à mettre en pratique les valeurs qui favorisent une société harmonieuse. En tant qu'architectes de notre destin, nous reconnaissons l'importance d'inculquer ces valeurs aux futurs citoyens, afin de garantir que notre parcours de transformation perdure à travers les actions et les attitudes des générations futures.

En cultivant une culture d'empathie et de respect dans les écoles, nous ouvrons la voie à une société où le changement positif est adopté et perpétué par chaque génération successive.

3. Autonomiser les esprits grâce à l'éducation : intégrer les droits universels et les piliers inflexibles

Dans le paysage de notre nation transformée, l'éducation n'est pas seulement un moyen d'acquérir des connaissances ; c'est la pierre angulaire de l'unité et du progrès. Nous reconnaissons que l'éducation a le pouvoir de façonner non seulement la vie des individus, mais aussi le destin de notre nation tout entière. Pour renforcer encore ce parcours de transformation, nous nous lançons dans une stratégie qui insufflera les principes d'unité, les droits universels de l'homme et nos piliers inébranlables dans le tissu même de l'éducation.

Imaginez une salle de classe remplie de jeunes esprits enthousiastes, chacun tenant dans ses mains un livre contenant des leçons académiques et l'essence de l'identité de notre nation. Alors que nous tournons les pages de cette initiative, nous envisageons d'incorporer le texte des droits universels de l'homme et les principes fondamentaux de nos quatre piliers inflexibles du Burundi SAHUTUGA dans du matériel pédagogique, allant des manuels scolaires aux cahiers.

Le raisonnement derrière cette stratégie est double : premièrement, elle sert de rappel perpétuel des idéaux que nous défendons en tant que nation, et deuxièmement, elle facilite un effet en cascade d'apprentissage qui s'étend au-delà des limites de la salle de classe. Au fur et à mesure que les élèves s'intéressent à ces textes, ils internalisent les valeurs d'unité, d'empathie et de respect, formant ainsi un lien profond avec notre identité transformée.

Mais l'impact ne s'arrête pas aux étudiants. À mesure que ces matériels pédagogiques arrivent dans les foyers, les messages s'infiltrent dans la conscience des parents, des frères et sœurs, des voisins et des communautés. La sagesse collective de notre nation est partagée et célébrée, favorisant un sentiment de camaraderie qui transcende les frontières générationnelles.

Imaginez des parents discutant des valeurs et des principes énoncés dans ces documents avec leurs enfants. Imaginez des voisins se réunissant pour lire, comprendre et réfléchir sur les droits universels de l'homme qui nous lient tous en tant que citoyens du monde. Cette stratégie transforme l'éducation en une force unificatrice qui comble le fossé entre les générations et renforce les fondements de notre nation.

Grâce à cette initiative, nous déployons un effort délibéré pour responsabiliser les esprits et les cœurs, en inculquant un sentiment de responsabilité partagée pour notre avenir collectif. Nous transformons les salles de classe en espaces d'inspiration, où chaque leçon s'étend au-delà du programme scolaire pour façonner notre identité en tant que citoyens burundais SAHUTUGA.

Alors que nous nous engageons dans ce voyage, nous comprenons que l'éducation ne consiste pas seulement à mémoriser des faits ; il s'agit d'intérioriser les valeurs, de susciter la curiosité et de favoriser la pensée critique. En intégrant les droits humains universels et nos piliers indéformables dans le matériel éducatif, nous semons les graines d'un avenir meilleur où l'unité, la compréhension et le progrès fleurissent dans l'esprit de nos citoyens.

De cette façon, l'éducation devient une force dynamique qui nous propulse vers l'avant, nous guidant vers un avenir où les principes qui nous sont chers ne sont pas de simples mots sur une page mais des vérités vivantes qui façonnent nos interactions, nos décisions et notre destin en tant que nation unie et

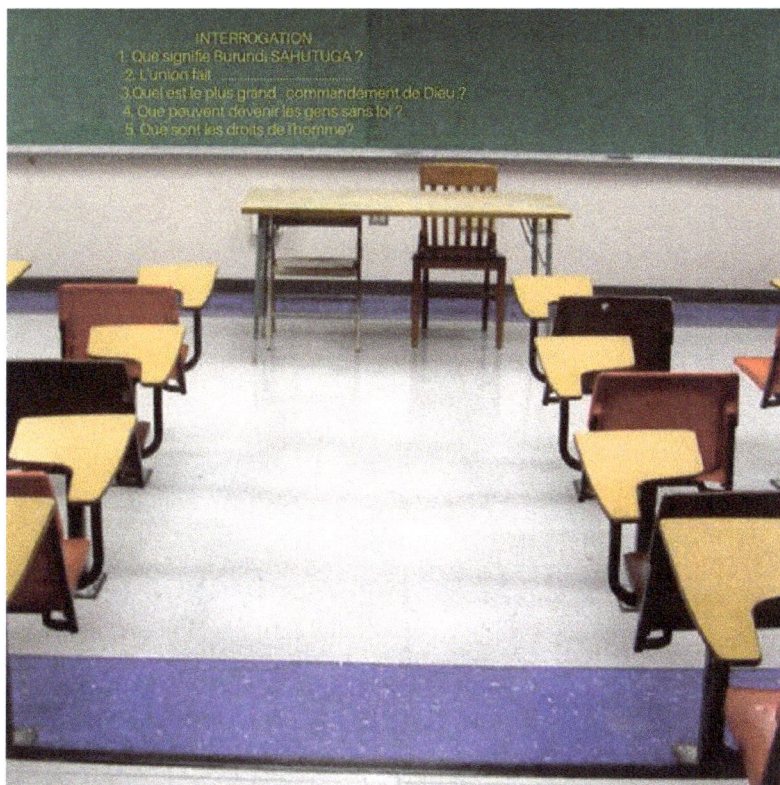

4. Unir les institutions pour une transformation identitaire : ateliers pour une société harmonieuse

Alors que le chemin de transformation vers une société harmonieuse se poursuit, la collaboration de différentes institutions devient essentielle pour façonner une identité collective fondée sur l'empathie, la compréhension et le respect mutuel. Les institutions, telles que les forces militaires, les groupes religieux et les organisations gouvernementales et non gouvernementales, exercent une influence considérable sur la société. Ces institutions peuvent favoriser une culture d'unité, d'acceptation et de changement positif en organisant des ateliers centrés sur la transformation de l'identité, propulsant la nation vers un avenir plus compatissant et inclusif.

La force militaire : L'armée joue un rôle crucial dans la sauvegarde de la sécurité de la nation. L'armée peut renforcer son engagement en faveur de l'unité nationale et de l'inclusion en organisant des ateliers sur la transformation de l'identité. Grâce à ces ateliers, les soldats peuvent comprendre les antécédents divers et expériences qui composent la nation qu'ils protègent.

En favorisant l'empathie et la sensibilisation culturelle, les forces militaires peuvent établir des liens de compréhension avec les communautés qu'elles servent. De tels ateliers offrent également l'occasion de répondre à des griefs historiques et de promouvoir la réconciliation entre différents groupes, contribuant ainsi à une société plus cohésive et plus pacifique.

Les groupes religieux : les institutions religieuses sont des puissants agents d'influence au sein de la société, façonnant les croyances et les valeurs de leurs adeptes. L'organisation d'ateliers sur la transformation identitaire au sein des communautés religieuses encourage le dialogue ouvert et la compréhension.

Les chefs religieux peuvent mettre l'accent sur les thèmes communs de la compassion, de l'amour et de l'acceptation dans leurs enseignements, favorisant ainsi un environnement qui transcende les affiliations tribales qui divisent. Grâce à ces ateliers, les groupes religieux deviennent des défenseurs de l'unité, guidant leurs congrégations vers la construction d'une société où l'humanité partagée est célébrée et défendue.

Institutions gouvernementales : les institutions gouvernementales sont chargées d'élaborer des politiques ayant un impact sur la société. En organisant des ateliers sur la transformation de l'identité, ces institutions peuvent garantir que les politiques sont formulées dans une optique d'inclusivité et de justice.

Les responsables gouvernementaux peuvent en apprendre davantage sur les divers besoins et aspirations des différentes communautés, et prendre des décisions éclairées qui soutiennent les groupes marginalisés. Les ateliers offrent également aux citoyens un moyen de s'impliquer activement dans l'élaboration des politiques, en cultivant un sentiment d'appropriation et d'autonomisation au sein de la société.

Organisations non gouvernementales (ONG) : les ONG jouent un rôle crucial dans la défense des droits des communautés marginalisées et dans la conduite du changement social. En organisant des ateliers sur la transformation de l'identité, les ONG peuvent fournir une plateforme permettant à diverses voix de se faire entendre.

Ces ateliers donnent aux individus les outils nécessaires pour lutter contre la discrimination, promouvoir la cohésion sociale et défendre les droits de tous les citoyens. Les efforts collectifs des ONG, unies autour de la vision commune d'une société transformée, ont le potentiel d'influencer des attitudes et des politiques sociétales plus larges.

Efforts de collaboration : Le succès des ateliers de transformation de l'identité réside dans les efforts de collaboration entre différentes institutions. Des ateliers conjoints impliquant des forces militaires, des groupes religieux et des organisations gouvernementales et non gouvernementales créent un espace de dialogue significatif et de compréhension mutuelle.

La collaboration entre ces institutions favorise une approche globale de la transformation sociétale, garantissant que l'unité et l'acceptation trouvent un écho dans diverses sphères d'influence. **Mesurer l'impact et la durabilité :** à mesure que les ateliers progressent, il est essentiel de mesurer leur impact et leur durabilité. Des évaluations régulières et des boucles de rétroaction aident à affiner le contenu et l'approche de l'atelier, transmettant efficacement les messages transformateurs.

La durabilité à long terme est obtenue en incorporant les principes de transformation de l'identité dans le tissu institutionnel de chaque organisation participante. Cela inclut l'intégration de l'empathie et de l'inclusivité dans les programmes de formation, les politiques et les processus décisionnels.

En conclusion, différentes institutions – forces militaires, groupes religieux, organisations gouvernementales et non gouvernementales – influencent considérablement les croyances et les valeurs de la société. Ces institutions contribuent au développement d'une communauté compatissante et inclusive en organisant des ateliers centrés sur la transformation identitaire. **Grâce à l'empathie, à la compréhension et au respect mutuel favorisés dans ces ateliers, une culture d'unité et de changement positif émerge.** Les efforts de collaboration entre les institutions jettent des ponts de compréhension, créant un effet d'entraînement qui s'étend à tous les coins de la société.

En tant qu'architectes de notre destin, nous reconnaissons que la transformation collective réalisée grâce à ces ateliers ouvrira la voie à une nation où l'unité prévaudra et où l'harmonie sociétale deviendra le fondement du progrès.

CHAPTER XXI

ADOPTER LA CITOYENNETÉ MONDIALE

1. Double Nationalité au Burundi SAHUTUGA

Dans le domaine de notre nation transformée, les horizons d'opportunités s'étendent bien au-delà de nos frontières. Le Burundi SAHUTUGA accueille une ère d'ouverture d'esprit, où le monde devient notre toile et où chaque citoyen est un artiste libre de peindre le parcours de sa vie.

En reconnaissance de cet esprit d'exploration et de la nature évolutive de notre monde globalisé, nous serons fiers d'offrir le privilège de la double citoyenneté à chaque individu au sein de notre nation.

Cette politique reflète notre engagement à donner à nos citoyens la liberté d'explorer, de rêver et de contribuer aux niveaux local et international. En détenant la citoyenneté de plus d'un pays, nos citoyens peuvent accéder à un plus large éventail d'opportunités, qu'il s'agisse de rechercher une éducation, un emploi ou une nouvelle expérience. Cela témoigne de notre conviction que la diversité nous enrichit tous et que les interactions interculturelles renforcent notre sagesse collective.

La double citoyenneté signifie que les citoyens burundais SAHUTUGA peuvent conserver leur nationalité d'origine tout en acquérant une autre d'un pays différent. Cela permet une circulation fluide à travers les frontières, un accès aux établissements d'enseignement et aux marchés du travail dans plusieurs pays, ainsi que la capacité de s'engager pleinement avec la communauté mondiale. C'est une reconnaissance du fait que les frontières géographiques ne confinent pas nos citoyens ; au lieu de cela, ils sont libres d'explorer le monde en tant qu'ambassadeurs de notre nation transformée.

La politique de double nationalité n'est pas seulement un cadre juridique ; c'est l'incarnation de notre vision d'une société progressiste et interconnectée. Il encourage les citoyens à embrasser le monde à cœur ouvert, à collaborer, à apprendre et à contribuer à l'expérience humaine mondiale. Il affirme notre conviction que le Burundi SAHUTUGA n'est pas une entité isolée mais une partie intégrante de la tapisserie des nations.

Alors que nous traçons la voie vers un avenir prospère, nous le faisons en sachant que les diverses expériences de nos citoyens, acquises au cours de leurs voyages proches et lointains, enrichiront la croissance de notre pays. En accordant le privilège de la double nationalité, nous invitons notre peuple à participer activement à l'évolution du monde.

L'adoption par le Burundi SAHUTUGA de la double nationalité marque un pas important vers une nation plus inclusive, interconnectée et tournée vers l'avenir. Saisissons cette opportunité pour explorer le monde et partager les valeurs et les vertus de notre identité transformée, contribuant ainsi à l'amélioration de l'humanité à l'échelle mondiale.

2. Etendre notre identité transformée : inviter la communauté internationale à embrasser la transformation de notre nation

Dans la quête du progrès et du soutien international, une approche innovante consiste à offrir à la communauté internationale une opportunité unique : porter notre identité transformée une fois qu'elle entrera temporairement dans notre pays. En lançant cette invitation, nous invitons les citoyens du monde à accepter et à expérimenter les profonds changements qui ont façonné notre société. Cet acte favorise la compréhension mutuelle et démontre la sincérité de nos efforts de transformation, plaidant de manière convaincante en faveur du soutien et de la coopération internationaux.

L'essence d'une identité transformée : Notre identité transformée témoigne de la résilience de notre nation : un voyage de guérison, d'unité et de réconciliation. Il incarne les valeurs d'empathie, d'inclusivité et de justice qui ont guidé notre processus de transformation. En offrant à la communauté internationale une chance temporaire de porter cette identité, nous lançons une invitation ouverte à s'engager dans l'essence du progrès de notre nation.

Favoriser l'empathie et la compréhension : alors que les citoyens du monde adoptent temporairement notre identité transformée ; ils acquièrent un aperçu unique des défis et des triomphes qui ont façonné notre histoire. En s'immergeant dans notre société transformée, ils favorisent l'empathie et la compréhension, transcendant les récits historiques et les stéréotypes qui auraient pu nous diviser autrefois.

Cet échange expérientiel encourage une appréciation plus profonde du pouvoir transformateur de l'unité et de la compassion. La communauté internationale peut être témoin des résultats tangibles de nos efforts en faveur de l'inclusion et de la justice, d'une collaboration inspirante et de la solidarité.

Un voyage partagé : La communauté internationale devient partie intégrante de notre voyage commun en portant temporairement notre identité transformée. Ils contribuent au récit d'un changement positif et prêtent leur voix au chœur du progrès. Cette expérience partagée favorise un sentiment d'interconnexion, dans lequel les citoyens du monde reconnaissent que notre transformation résonne avec des aspirations plus larges à un monde meilleur.

Amplifier l'appel au soutien : Offrir notre identité transformée à la communauté internationale amplifie notre appel au soutien. Il met en valeur notre engagement en faveur d'une société ouverte et inclusive, renforçant nos arguments en faveur de la coopération et de l'assistance. Les partenaires internationaux, témoins de notre engagement en faveur de l'unité et de la paix, sont plus susceptibles d'être inspirés pour étendre leur soutien et leur collaboration.

Une plateforme de dialogue et d'échange : Porter temporairement notre identité transformée crée une plateforme de dialogue et d'échange significatifs. Il permet aux citoyens du monde de partager leurs points de vue et leurs expériences, favorisant ainsi un échange culturel enrichissant qui transcende les frontières. Cet échange d'idées et de valeurs encourage la collaboration sur des défis communs, conduisant à des solutions innovantes et à une croissance mutuelle.

Façonner un mouvement mondial : Notre invitation à porter temporairement notre identité transformée a le potentiel de déclencher un mouvement mondial pour un changement positif. À mesure que les partenaires internationaux expérimentent le pouvoir transformateur de l'unité et de l'empathie, nous pourrions inciter certaines personnes à reproduire des efforts similaires dans leur pays.

Ce mouvement mondial peut devenir une force de progrès collectif, où les nations collaborent pour relever des défis communs tels que les inégalités, la résolution des conflits et la durabilité environnementale.

En conclusion, étendre notre identité transformée à la communauté internationale est un moyen puissant d'appeler à son soutien et à sa coopération. En s'immergeant dans le parcours de guérison et de progrès de notre nation, les citoyens du monde peuvent favoriser l'empathie, la compréhension et la solidarité. Cet acte catalyse le dialogue, la collaboration et la formation d'un mouvement mondial pour un changement positif.

En tant qu'architectes de notre destin, nous reconnaissons l'importance d'inviter la communauté internationale à adopter une société transformée fondée sur l'inclusion et la justice.

Ensemble, main dans la main, cœur à cœur, nous pouvons forger un monde plus harmonieux où l'unité et la compassion règnent en maître, éliminant les barrières et ouvrant la voie à un avenir meilleur pour tous.

CHAPTER XXII

LA BONNE GOUVERNANCE

La mise en place des structures de gouvernance transparentes, responsables et inclusives est cruciale pour le développement. La bonne gouvernance implique la promotion de l'État de droit, la lutte contre la corruption et la garantie d'une administration publique efficace. La bonne gouvernance renforce la confiance, attire les investissements et permet une allocation efficace des ressources.

1. Un appel au respect mutuel et à une gouvernance efficace

Au rythme du temps, les instants sont la monnaie du progrès, un trésor qui, une fois dilapidé, ne peut être récupéré. Le cheminement de notre nation transformée vers la prospérité dépend de notre capacité à gagner du temps pour mettre de côté les distractions inutiles et les efforts flous. Ce chapitre est un appel retentissant à l'action, nous exhortant à réévaluer nos priorités, à rationaliser nos efforts et à forger une relation harmonieuse entre gouvernance et spiritualité.

Une nouvelle aube de l'efficacité : Dans notre quête du progrès, nous sommes appelés à nous débarrasser des chaînes de l'inefficacité. Avec un sens renouvelé du but, nous tournons notre regard vers les heures perdues dans de sinueuses réunions politico-religieuses. Même si l'unité et le dialogue font partie intégrante de notre identité, nous devons reconnaître l'urgence de canaliser nos énergies vers des voies plus constructives qui produisent des résultats tangibles pour nos citoyens.

Tracer des voies productives : La rédemption du temps n'est pas simplement un concept mais un modèle d'efficacité. Cela nous invite à concevoir des plans stratégiques synchronisant les programmes gouvernementaux et les initiatives individuelles, garantissant que nos efforts collectifs progressent harmonieusement vers nos objectifs communs. Les jours de semaine, réservés à des activités ciblées, offrent le potentiel d'ouvrir de nouveaux horizons de progrès, tandis que les week-ends deviennent des lieux sacrés pour les cérémonies et les rassemblements religieux qui nous remontent le moral.

Honorer à la fois César et Dieu : La sagesse intemporelle des âges résonne dans les couloirs de l'histoire : « **Rendez à César ce qui est à César et à Dieu ce qui est à Dieu.** » Ces conseils scripturaires se répercutent avec pertinence dans notre contexte contemporain, nous rappelant d'allouer judicieusement nos énergies. En discernant les domaines légitimes de la gouvernance et de la spiritualité, nous veillons à ce que les deux soient servis avec le respect qu'ils méritent.

Favoriser l'unité par le respect : En accordant le respect dû à la religion et à la politique, nous ouvrons la voie de l'unité. En tant que citoyens aspirant à apaiser les divisions, nous reconnaissons que ces deux domaines possèdent le potentiel de nourrir notre nation transformée. La politique est la clé de la gouvernance, de l'administration et du progrès, tandis que la religion est le guide de l'éthique, des valeurs et de la spiritualité.

Une voie à suivre unifiée : À mesure que nous réconcilions les fils du temps, en les tissant en une tapisserie unifiée, nous façonnons un avenir guidé par un objectif, le respect et des aspirations partagées. Dans la symphonie de la transformation, chaque instant compte. En répartissant judicieusement notre temps, en séparant et en valorisant nos responsabilités civiques et nos convictions spirituelles, nous orchestrons une mélodie de progrès qui résonne avec les battements de cœur de chaque citoyen.

La rédemption du temps : une responsabilité collective. La rédemption du temps n'est pas simplement un appel à l'action pour les individus mais une responsabilité collective inscrite dans le récit de notre nation. Alors que nous réalignons nos priorités, tenons compte de la sagesse que le temps nous offre : le temps de construire, de grandir et d'harmoniser. Grâce à l'unité objective et au respect des activités terrestres et spirituelles, nous rachetons les heures, façonnant un avenir qui n'est pas fragmenté par des divisions inutiles mais fortifié par une vision partagée d'une nation transformée.

2. Justice indépendante ; Le fondement de la bonne gouvernance

Dans la tapisserie d'une nation transformée, les fils de la justice tissent un motif essentiel. Le juge indépendant constitue la pierre angulaire de la bonne gouvernance, garantissant l'application équitable des lois et protégeant les droits et la dignité de chaque citoyen. Alors que nous aspirons à établir une société fondée sur la justice et l'égalité, nous reconnaissons qu'un cadre juridique solide et une compréhension approfondie du droit sont essentiels.

Autonomiser les citoyens grâce à des connaissances juridiques :

Notre engagement envers la justice commence par l'autonomisation de nos citoyens. Une population informée est mieux équipée pour naviguer dans les subtilités du paysage juridique et contribuer à préserver l'ordre public. À cette fin, nous nous engageons à améliorer les connaissances juridiques de nos citoyens. En proposant des ressources accessibles, des programmes éducatifs et des ateliers communautaires, nous nous efforçons de cultiver une société qui non seulement comprend mais respecte également les lois qui la régissent.

Accès à la justice pour tous :

Notre justice doit être accessible à tous, quelle que soit leur situation financière. À cette fin, nous lançons une initiative révolutionnaire : l'aide juridique gratuite. Nous reconnaissons que l'incapacité de se permettre une représentation juridique ne devrait jamais être un obstacle à l'obtention de justice. Grâce à ce programme, ceux qui en ont besoin auront accès à des professionnels du droit qualifiés qui défendront leurs intérêts, garantissant que la justice soit rendue équitablement.

Préserver la dignité grâce à des procès équitables : La préservation de la dignité humaine est au cœur de notre vision. Les procès équitables ne sont pas seulement une exigence légale ; ils témoignent du respect du caractère sacré de chaque individu. Notre système judiciaire respectera les principes d'une procédure régulière, garantissant que les accusés aient une chance équitable de se défendre. Cet engagement envers l'équité reflète notre engagement envers une justice qui protège les droits et la dignité de tous les citoyens.

Favoriser la confiance dans le système juridique : Les piliers d'une société juste sont la confiance dans le système juridique. Alors que nous posons les bases d'une bonne gouvernance, nous nous engageons également à construire un cadre juridique transparent, impartial et responsable. En promouvant la transparence des procédures judiciaires, en mettant en œuvre des garanties contre la corruption et en garantissant que la justice soit rendue sans préjudice, nous visons à favoriser la confiance dans nos institutions juridiques.

Un voyage vers la responsabilité : La justice s'étend au-delà des cas individuels ; elle englobe la responsabilité à tous les niveaux. Notre engagement en faveur d'une justice indépendante implique de tenir les agents publics responsables de leurs actes. La corruption, les abus de pouvoir et les fautes professionnelles feront l'objet d'enquêtes approfondies menées par un système judiciaire impartial, garantissant que les personnes chargées de la gouvernance répondent devant les personnes qu'elles servent.

Conclusion : la voie vers une gouvernance équitable. Alors que le rideau se lève sur ce chapitre de notre transformation, les projecteurs sont braqués sur le rôle vital d'une justice indépendante dans la construction d'une société fondée sur l'intégrité et l'équité. Nous reconnaissons qu'une nation ne peut prospérer que lorsque son système juridique est solide, accessible et juste. En favorisant la culture juridique, en fournissant une aide juridique gratuite et en respectant les principes de transparence et de responsabilité, nous ouvrons la voie à une gouvernance équitable où chaque citoyen a confiance dans ses droits et sait que la justice sera rendue sans parti pris ni préjugé.

3. Éradiquer la corruption : la pierre angulaire d'une bonne gouvernance

Dans le tissu complexe d'une nation transformée, la lutte contre la corruption tisse un fil conducteur crucial. En tant qu'architectes d'une société juste, nous comprenons que la corruption est un redoutable adversaire de la bonne gouvernance, sapant la confiance, la justice et le progrès. Notre engagement à faire respecter la justice est intrinsèquement lié à notre détermination inébranlable à éradiquer la corruption aux quatre coins de notre pays.

Faire briller la transparence :

La transparence constitue notre arme la plus puissante contre la corruption. Nous reconnaissons que le manque de transparence crée un terrain fertile pour le développement des pratiques de corruption. Dans notre quête de justice, nous nous engageons à mettre en œuvre des mesures qui garantissent la transparence à tous les niveaux de gouvernance. En mettant en lumière les processus, les transactions et la prise de décision, nous posons les bases de la responsabilité et atténuons les ombres où se cache la corruption.

Combattre la corruption depuis les racines :

La corruption prend de nombreuses formes, depuis les pots-de-vin et les détournements de fonds jusqu'au népotisme et au copinage. Nous reconnaissons que la lutte contre la corruption nécessite des efforts globaux. Notre stratégie comprend :

- Renforcer les lois anti-corruption.
- Imposer des sanctions plus strictes à ceux qui se livrent à des pratiques de corruption.
- Créer des possibilités permettant aux lanceurs d'alerte de se manifester sans crainte de représailles.

En attaquant la corruption à ses racines, nous visons à créer un environnement dans lequel les pratiques illicites dépérissent et disparaissent.

Donner aux citoyens les moyens de dire non à la corruption :

Les citoyens sont les gardiens de l'intégrité de notre nation. Leur donner les moyens de lutter contre la corruption est essentiel dans notre quête de justice. Nous nous engageons à lancer de vastes campagnes de sensibilisation anti-corruption pour informer les citoyens sur leurs droits et les effets corrosifs de la corruption. Par l'éducation et le plaidoyer, nous visons à créer une vague de résistance à la corruption, faisant des citoyens des participants actifs dans la lutte pour la justice.

Assurer la responsabilité à tous les niveaux :

Une société juste exige que ses dirigeants rendent des comptes. Nous reconnaissons que la corruption peut s'infiltrer même aux plus hauts échelons du pouvoir. Notre engagement en faveur de la justice implique de tenir les agents publics responsables de leurs actes. En créant des organes indépendants chargés d'enquêter et de poursuivre les affaires de corruption, nous veillons à ce que ceux qui abusent de leur position d'autorité soient tenus responsables devant la loi.

Une vision d'une nation sans corruption : Notre vision va au-delà de l'éradication de la corruption ; cela englobe la création d'une nation où la transparence, l'intégrité et la justice sont primordiales. Nous envisageons une société dans laquelle la recherche du gain personnel au détriment du bien commun n'est pas tolérée. Notre lutte contre la corruption n'est pas simplement un slogan mais un engagement incessant à forger un avenir où les ressources de notre pays seront utilisées pour le bénéfice collectif et où la confiance du public sera restaurée. **Conclusion : la bataille pour la justice :** Alors que nous clôturons ce chapitre de notre parcours vers la transformation, notre objectif reste inébranlable : la lutte contre la corruption. En mettant en lumière la transparence, en responsabilisant les citoyens et en renforçant la responsabilité, nous construisons un rempart contre l'influence insidieuse de la corruption. Notre dévouement à la justice témoigne de notre détermination à forger une société libérée des chaînes de la corruption, où chaque citoyen peut avoir confiance dans l'équité de la gouvernance et dans la promesse d'un avenir meilleur.

CHAPTER XXIII

LA MÉRITOCRATIE

La méritocratie est un système dans lequel les individus progressent et obtiennent des opportunités en fonction de leurs mérites, généralement déterminés par leurs compétences, capacités et réalisations plutôt que par des facteurs tels que le statut social, la richesse ou les relations personnelles. Dans une méritocratie, l'accent est mis sur la récompense et la promotion des individus qui font preuve d'excellence et de compétence dans leurs domaines respectifs, favorisant ainsi des conditions de concurrence équitables pour tous les membres de la société. Ce système vise à garantir que les postes d'influence et de leadership soient occupés par les personnes les plus capables de remplir efficacement leurs rôles, quelles que soient les autres caractéristiques.

1. Le pilier des opportunités équitables

Dans le paysage transformateur de notre nation, le Burundi SAHUTUGA, l'émergence d'une société méritocratique n'est pas seulement une aspiration : c'est un héritage de justice qui remodèle le paysage des opportunités. La méritocratie apparaît comme le principe fondamental sur lequel nous travaillons dans chaque secteur, industrie et institution. C'est un témoignage de notre engagement en faveur de l'équité, une déclaration selon laquelle les opportunités sont accordées en fonction des capacités plutôt que des privilèges hérités. Ce chapitre explore l'impact profond de l'adoption de la méritocratie, un héritage de justice qui défend les principes de notre nation transformée.

Des règles du jeu équitables. Au cœur de la méritocratie se trouve un terrain de jeu équitable où les individus peuvent exceller et s'élever uniquement en fonction de leurs capacités. Dans une société marquée par la méritocratie, les chaînes des privilèges hérités – qu'ils soient politiques, régionaux ou familiaux – sont brisées. Ce démantèlement des barrières garantit que chaque citoyen, quelle que soit son origine, est autorisé à mettre en valeur ses talents et à contribuer au progrès de notre nation.

Mérité, non hérité. Dans notre société transformée, les opportunités ne se transmettent pas comme des héritages ancestraux ; ils s'obtiennent grâce au dévouement, à la compétence et à un engagement sans faille. L'adoption de la méritocratie affirme que les postes d'influence et de responsabilité sont le résultat d'un travail acharné, de la persévérance et d'une recherche continue de l'excellence. Cette philosophie encourage les citoyens à lutter pour la grandeur, sachant que leurs efforts seront récompensés en fonction du mérite.

Un écosystème prospère. À mesure que la méritocratie prospère, l'écosystème de notre pays se transforme en un paysage prospère d'innovation et de collaboration. Les individus sont habilités à apporter leurs perspectives, talents et compétences uniques, alimentant ainsi un esprit créatif qui propulse les industries vers l'avant. L'interaction dynamique des idées, favorisée par une culture méritocratique, catalyse les avancées et accélère notre parcours vers le progrès.

Un héritage de justice. L'héritage de la méritocratie est enraciné dans la justice. Cette justice veille à ce que les postes d'influence et de leadership soient occupés par des individus ayant démontré leur compétence. Cet héritage s'étend au-delà de l'accomplissement individuel ; elle infiltre la conscience collective, forgeant une société où l'équité est la pierre angulaire. Les principes de la méritocratie se répercutent à travers les générations, un cadeau à nos successeurs qui parle d'intégrité, d'égalité et de justice.

Révéler le potentiel caché. La méritocratie est une révélation d'un potentiel caché – un phare qui éclaire le chemin de ceux qui ont pu être négligés en raison des inégalités systémiques. Lorsque les opportunités ne sont pas limitées par des privilèges, le génie peut émerger des sources les plus improbables. Ce dévoilement de talents inexploités améliore les capacités de notre pays, insufflant à chaque secteur de nouvelles perspectives et de nouveaux horizons.

Une déclaration audacieuse. En adoptant la méritocratie, notre nation transformée déclare avec audace que toutes les contributions des citoyens sont valorisées, quelle que soit leur origine. Cela montre au monde que nous sommes les architectes d'une société juste, où l'héritage que nous construisons est un héritage de justice, d'équité et de progrès pour tous. Il réaffirme notre engagement envers la justice et donne aux citoyens les moyens de prendre leur destin en main, sachant que leurs efforts seront reconnus et récompensés.

Un avenir forgé par le mérite. Alors que nous nous dirigeons vers un avenir meilleur, la méritocratie nous sert de guide. Cela nous propulse vers un destin où la compétence règne en maître, où les opportunités sont accordées en fonction des capacités et où notre nation transformée prospère grâce à l'éclat collectif de ses citoyens. Grâce à l'héritage de la méritocratie, nous tissons une tapisserie de justice, d'unité et de progrès – un témoignage durable de notre identité en tant qu'architectes d'une société qui place l'équité au cœur même de ses préoccupations.

2. Pionnier de l'égalité des genres : une voie vers le progrès

Pionnier en matière d'égalité femmes-hommes : un engagement résolu

Dans le domaine de notre nation transformée, les principes de l'égalité des sexes constituent des piliers du progrès. Guidés par notre engagement inébranlable en faveur de la justice et de l'équité, nous sommes déterminés à éliminer les barrières qui entravent depuis longtemps l'égalité des chances pour tous les citoyens, quel que soit leur sexe. Le cheminement vers une véritable égalité des sexes nécessite une approche globale qui défend la méritocratie tout en s'attaquant aux déséquilibres historiques.

Défendre la méritocratie pour tous :

La méritocratie constitue la pierre angulaire de notre engagement en faveur de l'égalité des sexes. Un respect rigoureux des principes fondés sur le mérite régira nos institutions et nos secteurs d'emploi. Nous reconnaissons que chaque individu, quel que soit son sexe, apporte des compétences et des talents uniques. En promouvant la méritocratie, nous veillons à ce que les individus les plus qualifiés et les plus capables accèdent à des postes d'influence et de responsabilité, contribuant ainsi au progrès de notre nation.

Une fenêtre d'opportunité :

Même si l'égalité des genres n'est pas négociable, nous reconnaissons la nécessité de stratégies nuancées dans certains cas. Dans certains départements ou secteurs où des déséquilibres historiques entre les sexes persistent, nous comprenons que parvenir à la parité immédiate peut nécessiter du temps supplémentaire. À ce titre, nous pouvons accepter une fenêtre temporaire allant jusqu'à 10 % alors que nous travaillons avec diligence pour remédier aux disparités systémiques sous-jacentes. Cette approche nous permet d'équilibrer notre engagement en faveur de l'égalité avec les réalités pratiques de notre parcours.

Autonomisation par l'éducation et le plaidoyer :

La véritable égalité des sexes transcende les simples statistiques ; il incarne un changement culturel qui célèbre la diversité et l'inclusion. Nous nous engageons à favoriser un environnement où les individus de tous genres peuvent s'épanouir. Cela comprend des programmes éducatifs solides qui dissipent les stéréotypes de genre, autonomisent les femmes comme les hommes et encouragent un dialogue ouvert sur l'importance de l'égalité. Grâce à des campagnes de plaidoyer et de sensibilisation, nous avons l'intention de remodeler les normes sociétales, en créant un avenir où chaque citoyen est valorisé pour ses capacités, et non pour son sexe.

Leadership et représentation :

L'égalité des sexes n'est pas seulement une question de chiffres ; c'est une question de représentation. Nous reconnaissons l'importance d'avoir des voix diverses aux tables de prise de décision. Notre engagement en faveur de l'égalité des sexes s'étend aux postes de direction dans tous les secteurs et institutions. En élevant des femmes et des hommes compétents à des postes de direction, nous garantissons une représentation équilibrée qui reflète la diversité de notre nation et contribue à des politiques bien informées et inclusives.

Conclusion : un voyage d'autonomisation

Alors que nous concluons ce chapitre sur l'égalité des sexes, notre détermination reste inébranlable. Notre vision est claire : créer une nation transformée où les opportunités sont accessibles à tous, quel que soit leur sexe. Grâce à la mise en œuvre résolue de la méritocratie et au démantèlement progressif des déséquilibres historiques entre les sexes, nous ouvrons la voie à une société définie par son engagement en faveur de la justice, du progrès et des principes d'égalité. L'égalité des sexes n'est pas seulement un objectif : elle fait partie intégrante de notre identité en tant qu'architectes d'un avenir juste et équitable.

3. L'autonomisation par le savoir : transformer l'éligibilité à l'emploi

Au cœur de notre nation transformée, le Burundi SAHUTUGA, émerge un changement de paradigme qui place la connaissance au premier plan de l'éligibilité à l'emploi.

Les clés de l'opportunité ne sont plus entourées de privilèges ou de népotisme ; ils s'acquièrent grâce à l'éducation, à l'expérience et à un engagement envers une croissance continue. Ce chapitre explore le pouvoir transformateur du recrutement et de la promotion basés sur la connaissance, façonnant une main-d'œuvre habilitée et équipée pour diriger notre nation vers des sommets sans précédent.

Une fondation d'excellence. La connaissance est la pierre angulaire sur laquelle repose la main-d'œuvre de notre nation transformée. Tout comme une base solide soutient une structure imposante, un fondement de connaissances est le fondement d'une société résiliente et prospère. L'éducation, l'expérience et la démonstration de compétences deviennent les critères par rapport auxquels les individus sont mesurés, garantissant que chaque étape du parcours professionnel est guidée par le mérite et la compétence.

L'éducation : le phare des opportunités. Dans notre nation transformée, l'éducation devient le phare qui éclaire le chemin vers les opportunités. L'acquisition de connaissances n'est pas un luxe mais un droit fondamental qui permet aux individus de libérer leur potentiel et de contribuer de manière significative à leur communauté. En valorisant l'éducation comme pilier d'éligibilité, nous cultivons une culture d'apprentissage où chaque citoyen peut explorer ses passions, élargir ses horizons et, en fin de compte, façonner son destin.

Expérience : une tapisserie de croissance. L'expérience devient une tapisserie de croissance tissée à travers le tissu du parcours de chacun. Des postes de débutant au sommet du leadership, l'accumulation d'expérience favorise l'expertise, perfectionne les compétences et confère une compréhension nuancée des industries et des institutions qui font avancer notre pays. C'est un témoignage de l'engagement et du dévouement des individus envers leur métier, un témoignage qui ne devrait pas passer inaperçu.

Tests de compétence : des règles du jeu équitables. Les tests de compétence constituent un grand égalisateur : des règles du jeu équitables sur lesquelles tous les candidats peuvent démontrer leurs capacités. Ces évaluations ne constituent pas des obstacles ; ils sont des passerelles vers des opportunités, permettant aux individus de prouver leur compétence et leur préparation à des rôles importants. Qu'il s'agisse d'examens écrits, de démonstrations pratiques ou de simulations, les tests de compétence garantissent que tous les citoyens, quelle que soit leur origine, ont la possibilité de démontrer leur potentiel.

Méritocratie : un héritage de justice. L'adoption d'un recrutement et d'une promotion basés sur la connaissance annonce l'émergence d'une société méritocratique où les opportunités sont obtenues en fonction des capacités de chacun plutôt que des privilèges hérités. Cet héritage de justice s'étend à tous les secteurs, à toutes les industries et à toutes les institutions, garantissant que les individus accèdent à des positions d'influence en fonction de leur mérite, de leur détermination et de leurs contributions.

Une vision d'autonomisation. Dans notre nation transformée, l'éligibilité à l'emploi n'est pas une question de hasard ; c'est une vision d'autonomisation. C'est une vision qui invite les citoyens à se doter de connaissances, à rechercher des expériences qui enrichissent leur expertise et à s'avancer avec audace pour prouver leurs compétences. Grâce à cette vision, les individus deviennent les architectes de leur réussite, mettant leurs talents uniques au service de la croissance de notre pays.

Un avenir forgé par la compétence. À mesure que nous progressons, la connaissance devient la boussole qui nous guide vers un avenir de réalisations sans précédent. L'écho de la poursuite académique, le poids de l'expérience et le défi des tests de compétence nous propulsent vers un destin où l'excellence règne et la compétence est célébrée. En faisant du savoir la condition sine qua non du recrutement et de la promotion, nous dotons notre nation transformée d'une main-d'œuvre qualifiée et visionnaire, équipée pour diriger notre voyage collectif vers la prospérité, l'innovation et un succès durable.

CHAPTER XXIV

CENTRES PSYCHIATRIQUES ET MICROFINANCES POUR LES SURVIVANTS

1. Guérir les cicatrices : centres psychiatriques de réhabilitation après traumatisme

Dans la tapisserie de notre nation transformée, un fil ressort avec une importance indéniable : la nécessité de guérir les blessures infligées par les atrocités passées. Les massacres, les viols et autres crimes ont laissé de profondes cicatrices émotionnelles sur d'innombrables personnes, hantant leur vie et assombrissant leurs espoirs d'un avenir meilleur. Pour faire face à cette douleur et offrir une voie vers le rétablissement, nous devons créer des centres psychiatriques spécialisés dédiés à la guérison du cœur et de l'esprit des victimes.

Centres d'espoir et de guérison : Ces centres psychiatriques serviront de sanctuaires de guérison où les survivants d'un traumatisme pourront trouver réconfort, soutien et conseils professionnels. La douleur ressentie par les victimes de violences de masse n'est pas seulement physique ; c'est un fardeau psychologique qui peut être tout aussi paralysant. Ces centres offriront un environnement sûr où les individus pourront faire face à leurs traumatismes, gérer leurs émotions et entreprendre un voyage de guérison.

Approches thérapeutiques sur mesure : La guérison d'un traumatisme n'est pas un processus unique. Le parcours de chacun est unique et façonné par ses expériences, ses antécédents et ses forces. Les centres psychiatriques proposeront une gamme d'approches thérapeutiques, notamment des conseils individuels, des thérapies de groupe, des thérapies artistiques et des techniques cognitive-comportementales. Ces méthodes aident les survivants à retrouver leur estime d'eux-mêmes, à reconstruire leur résilience émotionnelle et à trouver un chemin pour se réapproprier leur vie.

Aborder les traumatismes intergénérationnels : Les cicatrices de la violence de masse n'affectent pas seulement les victimes directes ; ils peuvent également avoir un impact durable sur les générations futures. Les centres psychiatriques s'attaqueront également aux traumatismes intergénérationnels, où la douleur et l'angoisse se transmettent d'une génération à l'autre. En fournissant des conseils spécialisés aux familles et aux enfants touchés par le traumatisme de leurs parents et grands-parents, nous brisons le cycle de la douleur et ouvrons la voie à un avenir plus harmonieux.

Améliorer les compétences des survivants : Au-delà des interventions thérapeutiques, ces centres responsabiliseront les survivants en les dotant de compétences d'adaptation, de techniques de renforcement de la résilience et d'outils pour gérer leur bien-être émotionnel. Des ateliers, des séminaires et des programmes de développement de compétences permettront aux survivants de vivre leur vie avec une plus grande confiance et un sens renouvelé du but.

Un phare de compassion : La création de centres psychiatriques pour la guérison des traumatismes n'est pas seulement une initiative de soins de santé mais une déclaration de compassion et de solidarité. Cela envoie un message puissant aux survivants, à savoir que leur douleur est reconnue et que notre nation transformée s'engage à leur guérison. Ces centres constitueront des symboles tangibles de notre engagement à favoriser le bien-être émotionnel de chaque citoyen, reconnaissant que la véritable prospérité englobe à la fois la santé physique et mentale.

Un témoignage de transformation : L'existence de ces centres psychiatriques témoignera de la détermination de notre nation à guérir, à se transformer et à surmonter les traumatismes du passé. À travers ces centres, nous démontrons notre engagement à créer une société qui valorise le bien-être de chaque individu, quelle que soit son histoire ou sa situation. Alors que les survivants entament leur parcours de rétablissement, ils seront soutenus par un réseau de professionnels, d'autres survivants et une nation qui se tient à leurs côtés en signe de solidarité. Chers citoyens, la création des centres psychiatriques de guérison des traumatismes est cruciale pour panser les blessures qui marquent notre histoire collective. Rassemblons-nous pour créer une nation transformée où l'empathie, le soutien et la guérison sont les pierres angulaires de notre société. En fournissant aux survivants les ressources nécessaires pour reconstruire leur vie, nous contribuons à un avenir où l'espoir triomphe de la douleur et où notre nation prospère comme un phare de compassion et de force.

2. Renforcer la résilience : Les banques micro financières pour les rapatriés et les survivants

Au cœur de notre nation transformée, un engagement profond en faveur de l'autonomisation des plus vulnérables d'entre nous constitue un principe directeur. Les rapatriés, les veuves et les orphelins qui ont enduré le poids de refuge et de la perte méritent notre compassion et notre soutien actif pour reconstruire leur vie. Pour faciliter leur parcours vers l'autonomie et la prospérité, nous créerons des banques micro financières adaptées aux besoins des rapatriés et des survivants, leur fournissant les moyens de démarrer de petites entreprises et d'assurer leur avenir.

Une plateforme pour l'autonomisation économique :

Les banques micro financières sont plus que de simples institutions financières ; ce sont des véhicules d'autonomisation qui offrent aux survivants la possibilité de se libérer du cycle de dépendance. De nombreuses veuves et orphelins ont perdu le principal soutien de leur famille, ce qui les rend vulnérables. Grâce à ces banques, nous leur donnerons les outils nécessaires pour reprendre le contrôle de leur bien-être économique, en favorisant un sentiment d'action et de résilience.

Services financiers accessibles :

Ces banques micro financières seront conçues pour répondre aux besoins uniques des survivants. Les facilités de prêt accessibles, les taux d'intérêt minimes et les conditions de remboursement flexibles permettront aux survivants de lancer leur petite entreprise sans contraintes financières excessives. En proposant des services financiers sur mesure, nous visons à créer un environnement dans lequel la croissance économique devient accessible à ceux qui en ont le plus besoin.

Développement entrepreneurial :

Démarrer une petite entreprise nécessite plus qu'un simple soutien financier ; cela exige des connaissances, des compétences et du mentorat. Les banques de microfinance collaboreront avec des établissements d'enseignement et des experts en entrepreneuriat pour offrir aux survivants des programmes de formation complets. Ces programmes leur permettront d'acquérir les compétences nécessaires pour gérer avec succès leur entreprise, de la gestion financière aux stratégies de marketing.

Favoriser la communauté et la solidarité :

Créer des banques de microfinance ne consiste pas seulement à fournir des ressources financières ; il s'agit également de créer un sentiment de communauté et de soutien. Les survivants pourront se connecter avec d'autres personnes partageant des expériences similaires, formant ainsi des réseaux offrant un soutien émotionnel et des opportunités commerciales collaboratives. En favorisant cet esprit d'unité, nous amplifions l'impact de nos efforts, créant ainsi un écosystème de résilience prospère.

Autonomiser les veuves et les orphelins :

Les veuves et les orphelins ne se définissent pas uniquement par leurs pertes ; ils possèdent un potentiel, des aspirations et des rêves inexploités. Les banques de microfinance reconnaissent ce potentiel et leur permettent de construire un avenir durable pour elles-mêmes et leurs familles. En offrant une stabilité financière, ces banques donnent aux veuves et aux orphelins les moyens d'assurer une éducation à leurs enfants, d'accéder aux soins de santé et d'améliorer leur communauté.

Un héritage d'autonomisation :

La création des banques de microfinance pour les survivants reflète l'engagement de notre pays en faveur de l'autonomisation, de la résilience et d'une croissance inclusive. Nous semons les graines de l'autosuffisance et de la prospérité économique en créant un écosystème de soutien où les survivants peuvent transformer leurs rêves entrepreneuriaux en réalité. Cet héritage se répercutera à travers les générations à mesure que les survivants deviendront des inspirations pour leurs enfants et leurs communautés, démontrant le pouvoir transformateur de la détermination et des opportunités.

Chers citoyens, la création de micro-banques financières pour les survivants est une étape tangible vers la construction d'une nation où chaque individu, quelle que soit sa situation, a la chance de s'épanouir. En investissant dans l'autonomisation économique des veuves et des orphelins, nous favorisons un sentiment d'utilité, de dignité et d'espoir qui propulse notre nation transformée vers l'avant. Soyons unis dans notre engagement à aider ceux qui en ont le plus besoin, en contribuant à une société qui prospère grâce à son soutien collectif et à ses rêves partagés.

CHAPTER XXV

TRANSFORMER LE TERRITOIRE

Entretenir un paradis au Burundi SAHUTUGA

Dans l'étreinte sereine de la paix et de l'unité, les citoyens du Burundi SAHUTUGA se présentent comme les intendants d'une terre transformée – une toile de potentiel attendant l'art du progrès. Alors que nous progressons vers le paradis de l'Afrique, nous reconnaissons la nécessité de cultiver et d'élever les secteurs essentiels qui façonneront notre destin collectif. Ce chapitre met en lumière notre engagement à rajeunir les secteurs critiques, donnant naissance à une nation où la prospérité, la durabilité et l'harmonie s'entremêlent harmonieusement.

Agriculture et élevage : nourrir la nation

Au cœur de notre transformation se trouve le développement de nos secteurs de l'agriculture et de l'élevage. Le sol fertile qui recouvre nos terres constitue le fondement de notre prospérité. En mettant en œuvre des pratiques agricoles durables et modernes, nous exploitons la générosité de nos terres pour assurer la sécurité alimentaire de tous les citoyens.

L'identification des cultures orientées vers l'exportation est également un catalyseur d'une croissance économique rapide. La clé du succès financier consiste à identifier les cultures demandées sur les marchés mondiaux en raison de leurs qualités uniques, de leur valeur nutritionnelle ou de leur importance culturelle.

Investir dans des programmes d'élevage responsabilise nos agriculteurs et revitalise les communautés rurales, créant ainsi un paysage prospère d'autosuffisance. Une approche structurée des programmes d'élevage affiliés résume l'essence de l'autonomisation, de la responsabilité et de la durabilité. En associant la distribution du bétail de haute qualité aux conditions préalables à la possession des terres adéquates et à une documentation complète, les familles ne sont pas de simples bénéficiaires mais des participantes actives dans leur voyage vers la prospérité. Ce cadre structuré représente un profond engagement en faveur de la transformation, favorisant une nation où les familles autonomes sont les moteurs du progrès et l'incarnation de la

L'éducation comme pilier du progrès :
L'éducation apparaît comme un pilier fondamental dans notre quête pour cultiver un paradis. Notre engagement à nourrir les jeunes esprits est inébranlable. En réformant et en élevant notre système éducatif, nous fournissons les outils permettant à nos futurs architectes, ingénieurs, médecins et dirigeants de s'élever. Grâce à la connaissance, à la pensée critique et à l'innovation, nous équipons nos jeunes pour qu'ils portent le cap de la transformation, propulsant notre nation vers de nouveaux sommets.

Énergie propre et exploitation minière
Des sources d'énergie propres et durables alimenteront notre parcours dans notre quête de transformation. En mettant l'accent sur les technologies d'énergies renouvelables telles que l'énergie solaire, éolienne et hydroélectrique, nous réduirons notre empreinte carbone et améliorerons notre sécurité énergétique. En adoptant l'innovation et en adoptant des pratiques respectueuses

de l'environnement, nous ouvrons la voie à un avenir plus brillant et plus vert pour le Burundi SAHUTUGA.

De précieux trésors ont été déposés dans notre pays par le créateur de l'univers pour tous les citoyens. Ces ressources naturelles – or, nickel, terres rares, etc. – représentent des merveilles géologiques et des symboles du potentiel et de la prospérité de notre pays.

Ces ressources sous nos sols sont à la fois source de potentiel et de responsabilité. Dans le secteur minier, nous nous efforcerons

206 - AUDACE MPOZIRINIGA

d'adopter des pratiques responsables et durables qui profitent à tous nos citoyens et protègent notre environnement.

Revitaliser le commerce et les infrastructures :

À mesure que la vitesse du progrès tourne, nous rajeunissons nos secteurs du commerce et des infrastructures. Nous renforçons notre connexion avec le monde en construisant des réseaux de transport modernes, en agrandissant les aéroports et en améliorant les installations portuaires. Les marchés ultramodernes deviennent des pôles animés, proposant des produits locaux et internationaux sous un même toit. Cette résurgence dynamise le commerce, stimule l'activité économique et amplifie les opportunités pour les citoyens et les entreprises.

Le rôle de la diaspora dans la prospérité de notre nation s'étend bien au-delà de leur vie. C'est dans l'investissement de la diaspora que réside la clé pour débloquer une croissance économique rapide. Leur implication dans la gestion et la propriété des entreprises injecte de la vitalité dans notre économie, favorisant l'innovation, créant des opportunités d'emploi et stimulant le commerce. Cet effet catalyseur transforme un simple potentiel en progrès tangible, propulsant notre nation transformée vers une prospérité sans précédent.

Favoriser les soins de santé et le bien-être :

Le bien-être de nos citoyens est la pierre angulaire de notre transformation. Un système de santé solide garantit que l'accès à des services médicaux de qualité est un droit fondamental pour tous. En créant des établissements de santé bien équipés et des programmes de formation, nous cultivons une nation plus saine, permettant aux individus de participer pleinement à la prospérité du Burundi SAHUTUGA.

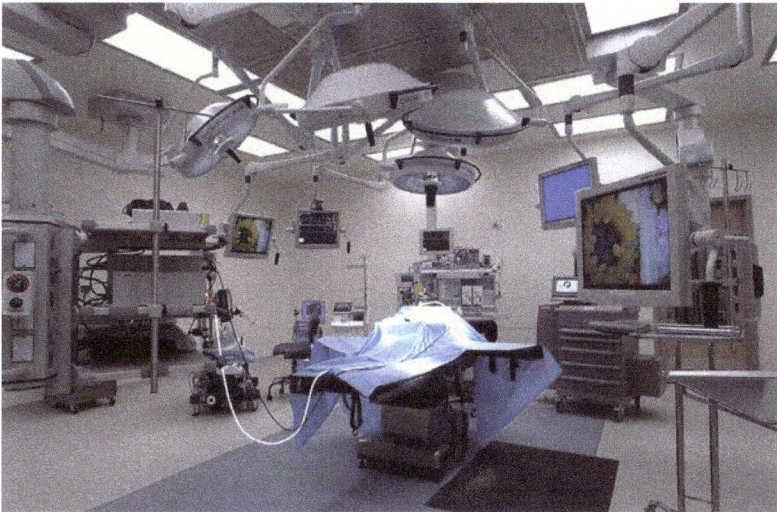

La construction de petites usines de traitement de l'eau dans les zones rurales dévoile un plan pour la santé communautaire. Ces usines exploitent une technologie de pointe pour purifier les sources d'eau, garantissant ainsi que chaque goutte qui atteint les ménages est exempte des contaminants. Cette stratégie protège la santé et engendre un sentiment de sécurité et de confiance au sein des communautés.

Cultiver le tourisme et la préservation culturelle :

Notre paradis s'étend au-delà du tangible : il englobe notre patrimoine culturel et la beauté naturelle qui nous entoure. Nous réinventons notre secteur touristique, en améliorant et en préservant l'attrait de notre nation. En restaurant des sites historiques, en soutenant les artisans locaux et en mettant en valeur nos riches traditions, nous invitons les visiteurs à découvrir la tapisserie du Burundi SAHUTUGA. Dans ce lieu convergent la majesté de la nature et les trésors culturels.

Croissance continue : notre engagement en faveur de la transformation s'étend au-delà de ces secteurs. Tout en donnant la priorité à ces domaines fondamentaux, nous nous engageons également à évaluer et à développer continuellement d'autres industries qui contribuent à la croissance de notre pays. Une approche holistique est essentielle à la prospérité de notre pays, et nous sommes inébranlables dans notre engagement à réaliser notre vision.

Chers citoyens, notre plan n'est pas un plan statique mais une feuille de route dynamique qui s'adapte aux besoins et aux défis changeants de notre pays. En tant qu'architectes de cette transformation, nous comprenons que le parcours implique un effort collectif, une collaboration et une croissance continue. Ensemble, nous bâtissons une nation marquée par l'unité, le progrès et la prospérité, un pays que nos citoyens, présents et futurs, seront fiers de considérer comme le leur.

CHAPTER XXVI

L'ESSENCE DE L'INDÉPENDANCE NATIONALE

1. L'essence multiforme de l'indépendance nationale

L'indépendance nationale est un concept multidimensionnel qui va bien au-delà de la souveraineté administrative. Il englobe les idéaux de prospérité financière et de libertés individuelles qui constituent la pierre angulaire d'une société prospère. Alors que nous continuons à façonner notre nation transformée, nous reconnaissons que la véritable indépendance est une tapisserie tissée de force économique, de liberté d'expression et de pouvoir du vote.

Émancipation économique :

La prospérité financière fait partie intégrante de l'indépendance nationale. La capacité d'une nation à tracer sa voie économique, à développer ses ressources et à favoriser un paysage commercial dynamique contribue à son autosuffisance et à sa résilience. Dans notre pays transformé, la prospérité économique ne se limite pas à quelques-uns ; il s'agit plutôt d'une réalisation collective qui garantit un niveau de vie plus élevé à tous les citoyens. En investissant dans les industries, l'éducation et l'innovation, nous jetons les bases d'une économie forte et dynamique qui nous donne du pouvoir sur la scène mondiale.

Liberté d'expression :
Une nation est prospère lorsque ses citoyens expriment librement leurs pensées, leurs opinions et leurs idées, sans crainte. La liberté d'expression est la pierre angulaire de la démocratie, permettant aux individus de contribuer au discours public, de remettre en question les normes et de demander des comptes à ceux qui sont au pouvoir. Dans notre nation transformée, les diverses voix de nos citoyens seront valorisées et activement encouragées. Cette liberté crée un environnement où l'innovation, le progrès et la créativité s'épanouissent, conduisant à une société ouverte d'esprit, adaptative et résiliente.

Pouvoir du vote :
Le pouvoir de voter est la quintessence de l'autonomisation des citoyens. Il incarne l'action individuelle et constitue le moteur de la gouvernance représentative. Notre nation transformée reconnaît l'importance de ce pouvoir et nous nous engageons à garantir que la voix de chaque citoyen soit entendue grâce à des élections justes et transparentes. En participant au processus démocratique, les citoyens deviennent les architectes du destin de leur nation, orientant son parcours vers le collectif d'une vision de prospérité, de justice et d'unité.

Coexistence Harmonieuse :

L'indépendance nationale n'est pas une quête unique mais un effort collectif. Il s'agit d'un engagement en faveur d'une co-existence harmonieuse, où les droits et les aspirations de chaque citoyen sont respectés. En favorisant une société où les opportunités économiques sont accessibles, la liberté d'expression est célébrée et les droits de vote sont protégés, nous créons un environnement dans lequel chacun peut s'épanouir. Cette harmonie est l'essence de notre nation transformée – un lieu où la diversité est célébrée et où la force collective de notre peuple nous propulse vers l'avant.

Conclusion :

L'indépendance nationale est une tapisserie tissée à partir des fils divers : l'autonomisation économique, la liberté d'expression et le pouvoir du vote. Dans notre nation transformée, nous reconnaissons qu'une véritable indépendance s'obtient lorsque les citoyens peuvent prospérer, exprimer leurs opinions et contribuer à façonner l'avenir de la nation. Alors que nous poursuivons ce voyage de transformation, n'oublions pas que la route vers une véritable indépendance est pavée d'aspirations, d'efforts et de rêves de chaque citoyen. Ensemble, nous bâtirons une nation qui témoigne de la quête inébranlable d'un avenir meilleur et plus prospère pour tous.

2. Mettre en œuvre de nouvelles stratégies pour un changement durable

Dans le processus de transformation, les premières étapes vers le changement peuvent être exaltantes, mais le véritable test consiste à maintenir l'élan sur le long terme. Nous devons mettre en œuvre avec diligence de nouvelles stratégies, qui serviront de piliers, soutenant les fondements d'un changement durable et garantissant que la société transformée continue de progresser vers un avenir meilleur.

Éducation et sensibilisation : L'une des stratégies fondamentales pour soutenir la transformation est l'éducation et la sensibilisation. Des citoyens informés et engagés sont essentiels pour défendre les valeurs démocratiques et soutenir les principes d'inclusion et de justice. L'éducation permet aux citoyens de comprendre l'importance de leur identité transformée et le contexte historique qui a conduit à ces changements. En prenant conscience de l'importance de la réconciliation, de l'empathie et de la poursuite d'objectifs communs, les citoyens deviennent les défenseurs d'une société cohésive et harmonieuse.

Réformes institutionnelles : Un changement durable nécessite une restructuration des institutions pour les aligner sur les nouvelles valeurs et objectifs de la société transformée. La mise en œuvre de réformes institutionnelles garantit que le système démocratique fonctionne de manière efficace et transparente et que les droits et aspirations des citoyens sont protégés. Ces réformes comprennent le renforcement des mécanismes de responsabilisation, la promotion des nominations fondées sur le mérite et le renforcement de l'engagement des citoyens dans les processus décisionnels. En créant des institutions qui reflètent les valeurs de la société transformée, les citoyens gagnent confiance dans le système, renforçant ainsi leur engagement dans le cheminement démocratique.

Engagement communautaire : le soutien et la participation des communautés sont essentiels pour soutenir la transformation. Les initiatives d'engagement communautaire favorisent un sentiment de responsabilité collective, encourageant les citoyens à contribuer activement au développement de leurs quartiers, villes et villages. Ces initiatives peuvent inclure des forums communautaires, des assemblées publiques et des processus de planification participative. Engager les citoyens au niveau local leur permet de relever les défis locaux et de co-créer des solutions, conduisant à un sentiment plus fort d'appropriation de la transformation.

Transfert intergénérationnel de valeurs : Pour assurer la continuité de la transformation, des valeurs telles que l'empathie, l'inclusion et le respect doivent être transmises de génération en génération. Les familles, les écoles et les organismes communautaires jouent un rôle central dans l'inculcation de ces valeurs auprès des plus jeunes membres de la société. Le transfert des valeurs entre générations favorise un sentiment de continuité, dans la mesure où les futurs citoyens héritent de l'héritage de changements positifs de leurs prédécesseurs. En préservant et en renforçant l'identité transformée et les idéaux démocratiques, la société maintient son engagement en faveur du progrès.

Évaluation et adaptation continues : pour soutenir la transformation, il faut évaluer en permanence les progrès et adapter les stratégies si nécessaire. Le suivi de l'impact des initiatives mises en œuvre permet une prise de décision éclairée et une correction de cap si nécessaire.

La flexibilité et la réactivité aux circonstances changeantes garantissent que la transformation reste pertinente et pratique. Cette approche adaptative garantit que la société évolue avec son temps, en restant à l'écoute des besoins et des aspirations de ses citoyens.

Coopération internationale : les transformations ne sont pas des événements isolés mais s'inscrivent dans un contexte mondial plus large. La coopération et les partenariats internationaux peuvent jouer un rôle important dans le maintien d'un changement positif. **La collaboration avec d'autres pays et organisations internationales peut offrir des informations et un soutien précieux pour la mise en œuvre des meilleures pratiques en matière de gouvernance, de droits de l'homme et de développement durable.** En participant aux efforts mondiaux en faveur d'un changement positif, la société transformée tire sa force de la sagesse collective de la communauté internationale.

En conclusion, la durabilité de la transformation repose sur la mise en œuvre de nouvelles stratégies qui renforcent les changements d'identité, d'arbre généalogique, de nom de la nation et du système démocratique. L'éducation et la sensibilisation, les réformes institutionnelles, l'engagement communautaire, le transfert des valeurs intergénérationnel, l'évaluation continue et la coopération internationale favorisent un changement durable.

En tant qu'architectes de notre destin, nous reconnaissons que la transformation durable nécessite du dévouement et de l'adaptabilité. En favorisant une société ancrée dans l'empathie, l'inclusion et la justice, nous ouvrons la voie à un avenir où les changements positifs perdurent, permettant aux citoyens de construire une société prospère et harmonieuse pour les générations à venir.

CHAPTER XXVII

LE CONSEIL SUPRÊME D'OBSERVATION : GARDIENS DE LA TRANSFORMATION

L'adaptabilité et la réactivité sont primordiales dans le parcours dynamique de transformation de notre nation. Alors que nous dirigeons notre navire à travers les eaux inexplorées du progrès, nous devons avoir la main ferme pour relever les défis, résoudre les problèmes et garantir un alignement continu avec notre vision transformationnelle. Pour remplir ce rôle crucial, nous introduisons le concept de Conseil Suprême d'Observation. Cet organisme est la sentinelle de la transformation de notre nation, vigilant et habilité à nous guider à chaque étape.

Création du Conseil Supérieur d'Observation :

Le Conseil Suprême d'observation n'est pas seulement une entité administrative mais la pierre angulaire de notre engagement en faveur d'un processus de transformation transparent, responsable et efficace. Composé des personnes d'intégrité, d'expertise et d'un dévouement irréprochable, ce conseil est chargé de superviser la mise en œuvre de nos initiatives de transformation. Ses membres proviennent des divers domaines, englobant l'économie, la gouvernance, la protection sociale, l'environnement, etc. Leur sagesse collective garantit une approche holistique pour relever les défis et saisir les opportunités.

Rôles et responsabilités :

1. **Surveillance et évaluation :** La fonction principale du Conseil suprême d'Observation est de superviser l'exécution de nos plans de transformation. Des évaluations régulières sont menées pour évaluer les progrès, identifier les blocages et recommander des mesures correctives. Cette approche proactive garantit que notre voyage reste sur la bonne voie, même face à des obstacles inattendus.

2. **Résolution des problèmes :** les défis sont inhérents à tout parcours de transformation. Le conseil d'administration agit comme une équipe d'intervention rapide, capable de résoudre rapidement les problèmes émergents. En analysant les défis et en proposant des solutions, ils évitent que les obstacles n'entravent notre progression.

3. **Élaboration de politiques et de stratégies :** Le conseil d'administration collabore avec des experts pour élaborer des politiques et des stratégies globales qui font avancer notre transformation. Ces initiatives stratégiques sont

fondées sur les données, la recherche et la vision collective de notre nation.

4. **Transparence et responsabilité :** La transparence est le fondement de notre parcours de transformation. Le conseil d'administration veille à ce que toutes les actions soient transparentes et responsables, renforçant ainsi la confiance du public et sa participation à notre parcours.

5. **Adaptation et innovation :** Le paysage et les stratégies de notre pays évoluent. Le conseil d'administration est à l'avant-garde de l'identification des opportunités d'innovation et de transformation, gardant notre approche fraîche, pertinente et adaptée aux circonstances changeantes.

Travailler dans l'unité :

Le Conseil suprême d'Observation fonctionne comme une unité cohésive, collaborant avec divers secteurs, organismes gouvernementaux et entités privées. Son efficacité réside dans le fait de combler les écarts, de faciliter la communication et de favoriser la collaboration entre les parties prenantes. En unissant nos efforts, nous exploitons l'intelligence collective de notre nation pour surmonter les défis et maximiser les opportunités.

Un héritage d'excellence :

À mesure que nous progressons, il est impératif de veiller à ce que l'héritage de notre transformation soit un héritage d'excellence, d'intégrité et de prospérité. La création du Conseil Suprême d'Observation n'est pas une simple formalité mais un témoignage de notre engagement envers l'excellence en matière de gouvernance, de stratégie et d'exécution. En confiant à ce conseil d'administration la responsabilité de sauvegarder notre transformation, nous sécurisons un héritage dont les générations futures hériteront avec fierté.

Chers citoyens, le Conseil suprême d'Observation n'est pas seulement un organe administratif : il est le gardien de nos rêves, le gardien de nos progrès et un partenaire dans notre voyage vers une nation transformée et prospère. Grâce aux conseils, à la vigilance et au dévouement du conseil d'administration, nous sommes prêts à surmonter tous les défis, à nous adapter à toutes les circonstances et à créer un héritage qui inspire les générations futures.

CHAPTER XXVIII

UNE VISION
DÉVOILÉE

Une vision pour une nation est une image claire et inspirante de ce que le pays aspire à devenir dans l'avenir. Il décrit les objectifs, les valeurs et les ambitions collectives qui guident le développement et le progrès de la nation. Cette vision englobe souvent des idéaux tels que la paix, la prospérité, l'unité et l'harmonie sociale, servant de feuille de route pour les objectifs à court et à long terme. Il donne un sens et une orientation, motivant les citoyens et les dirigeants à travailler ensemble pour parvenir à un avenir meilleur pour tous.

Le rayonnement du Burundi SAHUTUGA

Dans la tapisserie de notre nation transformée Burundi SAHUTUGA, les générations présentes et futures seront témoins d'un paysage orné des marques de progrès et de prospérité. Alors que le soleil se lève sur nos horizons, il illumine un monde où les rêves d'unité, de démocratie et d'intégrité nationale sont devenus réalité. Des coins pittoresques de nos petites villes au cœur animé de nos grandes villes, la vision du Burundi SAHUTUGA émerge avec des détails vibrants.

Infrastructure moderne : un témoignage de progrès

Notre nation transformée dispose d'infrastructures modernes qui sillonnent notre territoire. Les routes pavées s'étendent comme des bouées de sauvetage, reliant les communautés et permettant une circulation fluide des biens et des services. Les ponts enjambent les rivières et les vallées, comblant les écarts physiques et les divisions métaphoriques. Les réseaux de communication de haute technologie nous intègrent dans une tapisserie mondiale, garantissant que nous sommes connectés, informés et responsabilisés.

Une symphonie de petites villes : le battement de cœur de l'unité

Imaginez de petites villes nichées au milieu des collines, où les échos de rires et de camaraderie remplissent l'air. Chaque ville, microcosme d'unité, célèbre l'esprit de diversité alors que des habitants d'horizons divers s'harmonisent pour construire un destin commun. Ornées de noms qui honorent nos héros, les rues témoignent des sacrifices consentis pour forger une nation unie.

Merveilles urbaines : villes de prospérité et de progrès

Alors que le soleil atteint son zénith, il projette une lueur chaleureuse sur les villes du Burundi SAHUTUGA. Les gratte-ciels s'élèvent vers le ciel, leur éclat architectural témoigne de l'ingéniosité humaine. Les centres-villes regorgent d'activité, les marchés regorgent de produits locaux, d'artisanat et d'innovations. Des réseaux de transports publics propres et efficaces sillonnent les paysages urbains, reliant les personnes et les opportunités.

Pôles éducatifs et merveilles technologiques : nourrir les esprits, façonner l'avenir

Notre voyage nous emmène à travers des centres éducatifs qui nourrissent l'esprit des générations présentes et futures. Les universités et les écoles sont des phares de connaissances, cultivant des penseurs, des innovateurs et des leaders. Les merveilles technologiques ponctuent le paysage, soulignant notre adhésion au progrès. Ces centres d'apprentissage et d'innovation propulsent notre nation sur la scène mondiale.

Agriculture durable : nourrir notre avenir

Alors que nous traversons les terres fertiles du Burundi SAHUTUGA, nous sommes témoins de pratiques agricoles durables qui donnent des récoltes abondantes. Les champs sont ornés de cultures cultivées grâce à des techniques modernes et à la sagesse traditionnelle. Les plantations de fruits s'étendent à perte de vue, promettant un avenir où la sécurité alimentaire est assurée et la terre est respectée comme source de subsistance.

Nouveaux horizons : aéroports et avions

Alors que nous parcourons l'étendue de notre pays, nous rencontrons un réseau d'aéroports modernes, témoignage de notre engagement en faveur d'un transport efficace. Des avion-taxis sillonnent le ciel et transportent des passagers vers différents coins de notre pays transformé et pays limitrophes. Ces innovations de pointe représentent notre engagement en faveur de solutions respectueuses, ouvrant la voie à des voyages et à une connectivité durable.

Sites touristiques rénovés : dévoiler la beauté de notre territoire

En explorant notre nation transformée, nous tombons sur des sites touristiques rénovés qui mettent en valeur la beauté naturelle et le patrimoine culturel du Burundi SAHUTUGA. Le parc national de la Kibira nous invite à nous connecter avec la splendeur de la nature, tandis que le parc national de la Rusizi et le parc national de la Ruvubu nous permettent d'être témoins de l'harmonie entre la faune et l'humanité. Les musées et monuments nationaux font écho aux histoires de notre passé, enrichissant notre présent et éclairant l'avenir.

Une merveille technologique : la connectivité numérique

À l'ère du numérique, notre nation transformée exploite la puissance de la technologie pour connecter les citoyens et responsabiliser les communautés. Les réseaux à large bande sillonnent le pays, garantissant que chaque coin du Burundi SAHUTUGA soit connecté numériquement. Les plateformes en ligne rationalisent les services gouvernementaux, l'éducation et le commerce, favorisant ainsi l'efficacité et l'accessibilité.

Infrastructures innovantes et technologies durables : un horizon vert

Dans notre nation transformée, des infrastructures innovantes et des technologies durables définissent notre progrès. Les panneaux solaires scintillent au sommet des toits, les éoliennes se balancent en harmonie avec la brise et les réseaux de transport écologiques sillonnent le territoire. Ces symboles visibles de notre engagement en faveur d'un avenir plus vert inspirent l'espoir et ouvrent la voie aux générations futures.

Trésors culturels et historiques : musées et monuments

Notre nation transformée célèbre fièrement sa riche histoire et sa culture à travers ses musées et ses monuments. Le Musée national abrite des artefacts qui racontent notre voyage du passé au présent, et le Musée géologique présente les merveilles de notre terre. Les monuments dédiés à l'unité, à la démocratie et à l'intégrité nationale sont des phares d'inspiration, nous rappelant les idéaux qui nous sont chers.

Autonomisation économique : marchés et industries prospères

Le paysage économique du Burundi SAHUTUGA regorge d'une diversité d'industries. Les marchés modernes bourdonnent d'activités, proposant de nombreux produits locaux et internationaux. Les entreprises manufacturières produisent des biens qui reflètent notre innovation et notre savoir-faire, tandis que les banques de microfinance spécialisées dans les programmes d'affiliation en matière d'élevage permettent aux agriculteurs de cultiver la réussite.

Conclusion : une vision radieuse

Dans la mosaïque vibrante du Burundi SAHUTUGA, les générations présentes et futures voient une nation qui a subi une transformation remarquable. De la plus petite ville à la plus grande ville, du ciel au sol, chaque élément porte la marque du progrès, de l'unité et de la promesse. Notre vision pour le Burundi SAHUTUGA brille de mille feux, témoignage du dévouement et des efforts de chaque citoyen, passé et présent, qui a contribué à notre parcours de transformation.

UN CHOIX POUR L'AVENIR

Chers concitoyens,

Alors que nous sommes au seuil d'un nouveau chapitre de l'histoire de notre nation, nous réfléchissons au voyage que nous avons entrepris collectivement : un voyage de transformation, d'unité et de progrès. Nous avons semé avec diligence les graines du changement, en les nourrissant grâce à notre dévouement inébranlable et à notre vision commune. Les quatre piliers inflexibles que nous érigeons témoignent de notre engagement en faveur de l'unité, de la justice, de la prospérité et de la compassion.

Le chemin qui nous attend est un carrefour, un choix qui exige notre attention et notre réflexion. C'est un choix qui nous demande de considérer les leçons de notre passé, nos aspirations présentes et les rêves de nos générations futures. Nous sommes confrontés à une décision qui façonnera le destin de notre nation pour les années à venir – une décision qui comporte le poids de la responsabilité et la promesse d'espoir.

D'un côté, nous pouvons choisir de perpétuer les fondements défectueux de la division et du conflit – une voie qui nous hante depuis bien trop longtemps. Nous pouvons permettre à l'histoire de se répéter, perpétuant les cycles de méfiance, de haine et de souffrance qui ont marqué notre passé. Nous pouvons ignorer la douleur de nos ancêtres, les sacrifices de nos héros et le potentiel de notre jeunesse – un avenir caractérisé par un héritage d'opportunités manquées et de rêves brisés.

D'un autre côté, nous avons le choix indéniable d'embrasser l'héritage que nous avons minutieusement construit – un héritage qui nous invite à l'unité, à l'harmonie et au progrès. Nous pouvons honorer les sacrifices de ceux qui nous ont précédés en restant fermes sur les fondations de notre nation transformée. Nous pouvons écouter l'appel de notre jeunesse, qui aspire à un avenir libéré des erreurs du passé. Nous pouvons décider d'être les architectes du changement, les porteurs d'espoir et les champions d'un avenir meilleur – un héritage dont nos générations futures seront fières d'hériter.

Chers concitoyens, le pouvoir de décider du cours du destin de notre nation repose entre nos mains. C'est un choix qui transcende les affiliations politiques, les différences régionales et les ambitions individuelles. C'est un choix qui nous unit dans un objectif et qui déclenche l'étincelle de l'action collective. En tant qu'architectes de cette transformation, nous avons construit le cadre d'un avenir qui défie les limites de l'histoire – un avenir où règnent l'unité, la justice, la prospérité et la compassion.

Le choix nous appartient, chers citoyens. C'est un choix pour définir notre avenir, honorer notre passé et créer un héritage qui résonne à travers les générations. Prenons la décision qui rendra nos générations futures fières de nous. Cette décision ouvre la voie à une nation transformée où brillent la prospérité, la paix et l'unité.

Avec une détermination inébranlable,

Audace Mpoziriniga
Architecte en Chef d'une nation transformée
Burundi SAHUTUGA

RESUME

SAHUTUGA : Un mot qui éclaire et rassemble

Au cœur de l'Afrique, un mot est devenu symbole de transformation, d'unité et de renouveau au Burundi SAHUTUGA.
Ce mot, « SAHUTUGA », peut éclairer la nation, renforcer son
économie et établir les bases pour les générations futures.

SAHUTUGA n'est pas qu'un mot ; c'est une lueur d'espoir
qui signifie une nouvelle ère. Dans un pays autrefois divisé, il
arrive comme un coup de tonnerre, dissipant les ténèbres et
ouvrant la voie vers l'unité et la réconciliation.

À mesure que SAHUTUGA s'enracine dans notre conscience collective, il devient plus que des mots ; cela devient un
témoignage de notre résilience et de notre détermination. C'est
le fondement de l'unité, de l'amour et de la prospérité, ouvrant
la voie à une nation transformée.

Avec SAHUTUGA comme étoile directrice, nous sommes
le Burundi SAHUTUGA, uni et déterminé à créer un paradis
d'unité et de prospérité. Ensemble, nous avançons, liés par un engagement commun pour un avenir meilleur, où SAHUTUGA
illumine notre chemin, nous unissant dans un objectif et
promettant une nation transformée et prospère.

SAHUTUGA – le mot qui apporte l'unité, le mot qui enflamme l'espoir, le mot qui éclairera notre chemin vers un paradis appelé Burundi SAHUTUGA.

A PROPOS DE L'AUTEUR

Audace Mpoziriniga : Architecte de l'Unité et de la Transformation

Audace Mpoziriniga, né en février et s'identifiant comme Hutu selon l'approche SAHUTUGA, est l'architecte visionnaire de l'unité et de la transformation du Burundi SAHUTUGA. Il est père de famille avec quatre filles et trois fils, dévoué à une femme et possédant une profonde compréhension des complexités de la vie de famille. Son éducation, un mélange d'expériences rurales et urbaines, a enrichi sa compréhension du tissu diversifié du Burundi SAHUTUGA.

Audace en tant que chercheur et penseur indépendant a toujours eu un désir ardent d'éradiquer la souffrance parmi la population innocente prise entre les feux croisés des conflits politiques. Sa pensée critique et ses capacités d'analyse l'ont amené à explorer le cadre politique du pays, donnant finalement naissance au concept SAHUTUGA.

SAHUTUGA n'est pas qu'un mot ; c'est un symbole d'unité et de transformation qu'Audace envisage pour sa nation. Cela représente la fin de la division et le début d'une ère où prospèrent la paix, la démocratie et la prospérité.

La mission d'Audace est de fournir une base solide pour une paix durable et une véritable démocratie, en pansant les blessures du passé et en unissant le peuple burundais SAHUTUGA.

Audace invite tous à le rejoindre dans ce voyage extraordinaire qui transcende les divisions et embrasse la promesse du Burundi SAHUTUGA uni et prospère.

www.ingramcontent.com/pod-product-compliance
Lightning Source LLC
Chambersburg PA
CBHW051244020426

42333CB00025B/3042